特別支援教育

情報活用能力

を育む授業づくり

JN040040

菊池 哲平・小林 祐紀 監修

熊本大学教育学部附属特別支援学校 編著

明治図書

刊行に寄せて

　本校は，1965年（昭和40年）に附属小学校と附属中学校から独立して開校し，今年４月に59年目を迎えます。いつの時代も子どもを中心とし，「子どもの学び」を基盤として授業づくりに取り組んできたことが現在も「チームアプローチ」として本校に息づいています。

　「さわやかに　朝風吹けば〜♪」で始まる校歌を体現するかのように，毎朝「おはようございます！」と小学部１年生から高等部３年生までの子どもたちの大きな声が響き，目を輝かせ生き生きと学校生活を送る姿があります。教師は，子どもを中心に据え，子どもたちの夢や希望を語り合い，熱い思いで指導・支援する姿が常に表れています。当たり前のことかもしれませんが，心を込めて，子どもたちを最優先に行動できる教師集団であることの「ありがたさ」を痛感しているところです。

　さて，2020年度から「情報活用能力を発揮して未来社会を切り拓く知的障害のある児童生徒の育成」をテーマに，３年間研究に取り組んでまいりました。教師のICT活用指導力向上に向け研修を積み重ねたり，「情報活用能力とは何か」と立ち止まっては共通理解をしたりしました。並行してGIGAスクール構想が実現し，子どもたちはタブレットを文房具の１つとして日常的に活用するようになりました。支援を要する本校の子どもたちは，障害の状態や支援の内容等が一人一人異なるため，タブレットの活用方法についても個に応じた学習のプロセスをたどってきました。また，楽しみながら活用するため興味・関心が高まり，様々なことに挑戦しています。教科学習や日常生活の中では「個別最適な学び」が，グループでの探究的な活動等では「協働的な学び」が実現しています。

　これまでの実践を成果として本書にまとめました。本書が幅広く活用され，各所で教育支援の一助となりましたら幸いに存じます。本研究は，授業等において日々取組を継続しております。今後も多くの皆様に御意見を賜り，さらに学びを深めていく所存でございます。

　結びに，研究会等において熊本大学大学院教育学研究科の菊池哲平先生をはじめ多くの先生方に知的障害教育について御助言を賜りました。また，茨城大学教育学部の小林祐紀先生には，情報活用能力について御示唆をいただきました。

　今後も，本校にかかわってくださるすべての皆様，読者の皆様に忌憚のない御指導・御鞭撻を賜りますようお願い申し上げます。

2024年１月

校長　歳田　和子

はじめに

　随分前の話になりますが，インターネットが普及していなかった1990年代後半，何かを調べようと思ったら，本屋や図書館に行って本を探したり，新聞を広げたり，テレビやビデオを見たり，知っている人に話を聞いたり，様々な手段で情報を集めていました。2000年代に入ったあたりで徐々にインターネットに触れる機会が増えていき，パソコンを使って手軽に触れることのできる情報の幅がぐっと広がり，携帯電話を手にしてからはネットの情報がより身近になりました。スマートフォンを手にしてからは，画面を介してネットの情報に即座に触れることが当たり前となり，掌の中に情報を持ち歩くような感覚になりました。膨大な情報量に簡単に触れることができるようになった現代では，新しいサービスも次々と現れ，生活様式もどんどん変容しています。最近の生成 AI の流行は，その最たる例です。情報から必要な情報を取捨選択して，自分の生活のためにうまく利用していくには，情報の性質を理解し，うまく活用するスキルが必要になると思われます。ここで注目したいのが「情報活用能力」です。

　「情報活用能力」は，学習の基盤となる資質・能力の１つとして初めて明記された，現行の学習指導要領におけるトレンドワードです。令和５年度から令和９年度までの国の教育の指針として2023（令和５）年６月16日に閣議決定された教育振興基本計画（第４期）でも，「情報活用能力」という言葉が何度も登場します。熊本大学教育学部附属特別支援学校では，そんな「情報活用能力」の育成について，知的障害のある児童生徒にとってそもそもどう捉えればよいのか，また，児童生徒に対してどのようにすると育成できるのか，2020（令和２）年度から2022（令和４）年度までの３年間，学校の全体研究として推進してきました。この３年間は，新型コロナウイルス感染症が流行していた期間であり，それまで経験したことのなかったオンラインでの研究発表会に３年間取り組み，その成果を研究紀要としてまとめています。本書は，その内容を授業づくりに焦点を置いてよりわかりやすく構成したものです。知的障害のある児童生徒の情報活用能力育成について試行錯誤を重ねた末に見えてきたのは，知的障害のある児童生徒にとって「問題解決・探究における情報活用」が難しいということと，それを乗り越えるためのヒントでした。そのヒントを，今回「知的障害のある児童生徒の情報活用能力育成に向けた授業づくりのポイント（以下，12のポイント）」という形でまとめています。

　本書は２章構成になっています。第１章は「理論編」として，情報活用能力に関する基本的な押さえを行うとともに，12のポイントについて解説しました。第２章は「実践編」として，12のポイントに関する具体的な教育実践を掲載しました。一部紹介すると，以下のような実践事例があります。

・タブレットの基本的操作をじっくり学ぶ時間をつくってスキルの向上を図り，他の授業での

活用の下支えとした。

- 「忘れ物を減らす」という自分自身の課題について，情報を整理しながら取り組むうちに忘れ物が減った。

- 情報が一元化されるタブレットの利点を生かし，自分が伝えたいことを表現する手段を獲得して，進んで周囲に伝えるようになった。

　合わせて全12事例掲載しました。第1章と第2章を往還しながらお読みください。複雑で捉えづらい概念である「情報活用能力」について，知的障害のある児童生徒にはどのように意識しながら授業をつくって育んでいくとよいか，何かの手がかりにしていただき，目の前の児童生徒の教育につなげてくだされば，実践を重ねた本校としてはこれ以上嬉しいことはありません。

　最後に，本校には，本校にとっての未来に向けた作戦計画を10年ごとに行う文化があり，10年後の夢や希望を模造紙に書いて貼って，研究主任の執務する部屋に掲示してあります。10年後の夢や希望の実現に向けて，5年後，3年後と逆算し，現状とはじめの一歩を書くという流れで，前回は2019年3月に実施しました。本書を発刊する2024年3月は，未来の作戦計画を実施してから5年後になります。そこには，こう書かれてありました。

「附属発テキスト発行」

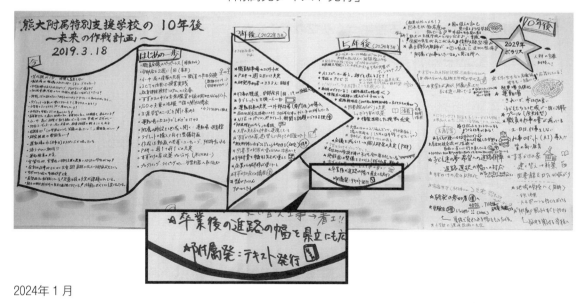

2024年1月

研究主任　後藤　匡敬

CONTENTS

第 **2** 章
知的障害のある子どもに
情報活用能力を育む授業実践例

第 1 章

知的障害のある子どもに
情報活用能力を育む
ポイント

情報活用能力と学校教育，時々，情報活用能力ベーシック

小林　祐紀

1 資質・能力と探究的な学び

　予測困難な時代を生き抜き，社会づくりの一翼を担う子どもたちにとって必要となる能力はどのようなものでしょうか。おそらく課題解決能力，コミュニケーション能力等の大きな枠組みの能力を想像された方が多いと思います。このような大きな枠組みの能力は資質・能力（コンピテンシー）と呼ばれています。そして，子どもたちに資質・能力を育む学びとして「探究的な学び」が今改めて注目されています。探究的な学びは教科を問わず重視される学びであり，学習者中心の学びと言い換えることができるでしょう。

❶ 情報活用能力はこれからの学びに必要不可欠

　学習者中心の学びを実現する際に，学習の基盤として不可欠な資質・能力の１つとして「情報活用能力」は位置づけられました。情報活用能力の具体については，小学校学習指導要領（平成29年告示）解説総則編において次のように示されています。

> 　学習活動において必要に応じてコンピュータ等の情報手段を適切に用いて情報を得たり，情報を整理・比較したり，得られた情報を分かりやすく発信・伝達したり，必要に応じて保存・共有したりといったことができる力

　ここに示されているのは「調べて，まとめて，伝える」という探究的な学びそのものです。情報活用能力は，探究的な学びを経験する中で獲得され，発揮される能力と言えるでしょう。また，教わる授業ではなく，学習者自身が学び取る授業とも言えます。このような学びを実現する授業において，GIGAスクール構想で整備された環境は授業を支えるインフラです。したがって，子どもたちがインフラとしてのツールや環境を主体的に活用することは極めて重要なのです。

❷ 情報活用能力は重要…だけれども…

　実は，情報活用能力の重要性が最初に指摘されたのは，1986年の臨時教育審議会第二次答申であり，すでに40年近く経過しています。しかし，現行学習指導要領における情報活用能力に

関する記載や学習の基盤となる資質・能力といった根幹的な位置づけについての理解は，十分ではないと報告されています（稲垣ほか，2019）。特に，情報モラル，プログラミングといった個別の指導内容に関する認知を下回る傾向が見られたことが指摘されているのです。したがって，情報活用能力に関連する学習内容の中でも，日常的な授業づくりに関連する「問題解決・探究における情報活用」についての授業イメージが不足していると容易に予想できるでしょう。

2 情報活用能力ベーシックの誕生

　上述したような現状において，子どもたちの情報活用能力を育成するためには，情報活用能力育成を意図した授業を構想し実践することを支援することが重要と考え，筆者が長を務める研究グループにおいては「情報活用能力ベーシック」を開発し，普及・促進を図ってきました（詳細は https://www.japet.or.jp/info-ut-ability/）。

　情報活用能力ベーシックとは，探究的な学習の5つの過程（【課題の設定】【情報の収集】【整理・分析】【まとめ・表現】【振り返り・改善】）に基本となる授業展開を関連づけた情報活用能力育成のための授業指標のことです。教師たちが日々実践する授業づくりに生かせることを意図して，小学校では各教科，中学校においては5教科を開発しています。

● 情報活用能力ベーシックの2つの特徴

　情報活用能力ベーシックは，文部科学省が公開している学習指導要領等の情報をもとに情報活用能力の構成要素を明らかにした上で，基本となる各教科の授業展開を示しています。例えば，国語（小学校）における【整理・分析】の学習展開例では「伝え合うために必要な情報かどうか，多様な観点から比較・分類して整理することで，伝えたいことを明確にする」と記載されており，あくまでも基本となる授業展開例であることがわかります。

　したがって，この情報活用能力ベーシックの特徴の1つ目は，学習指導要領に紐づいていることです。そして2つ目は，教師の授業づくりの多様性を自覚し支援するという立場から，指示書やマニュアルの類いではなく，あくまでも参考となる指標にとどめていることです。ぜひこの情報活用能力ベーシックを授業づくりの下じきとして活用してほしいと願っています。

　情報活用能力ベーシックは，リーフレットやガイドブックとして公開しています。すでに本書の事例をはじめとして県全体で採用している自治体もあります。情報活用能力育成の授業づくりの視点を教師がもつためには，引き続き多様な取組を行っていくことが必要です。例えば，情報活用能力ベーシックをもとにした教員研修プログラムの開発へと研究を前進させていくことを予定しています。情報活用能力育成は，まだ道半ばです。本稿をはじめとして，本書で示す内容が読者の日々の授業を見直すきっかけになることを期待しております。

情報活用能力と特別支援教育

菊池　哲平

1　知的障害児における情報活用能力育成の意義

　「情報活用能力」と聞くと，どうしても知的障害児には難しいのではという印象をもたれる方が多いのではないでしょうか。確かに従来の知的障害児教育では，生活に必要な具体的スキルを獲得することに目標が置かれ，そのために実際の生活に近い場面を想定した生活単元学習や日常生活の指導，作業学習等の「合わせた指導」が行われることがメインでした。しかし，これからの社会変化を見据えると，学校において獲得されたスキルが卒業後もそのまま活用できるかはわかりません。そのため知的障害のある子どもたちが様々な情報を集め整理し，得られた情報を積極的に活用して自ら課題を解決できるようになることが目指されるのです。

● VUCA 時代を生きるために

　「VUCA」とは① V（Volatility：変動性），② U（Uncertainty：不確実性），③ C（Complexity：複雑性），④ A（Ambiguity：曖昧性）の頭文字をとったもので，「先行きが不透明で，将来の予測が困難な状態」を指す言葉です。新型コロナウイルスの感染拡大により，私たちの暮らしはそれまでとは大きく変わりました。コロナが退潮した後も，コロナ禍で急速に普及したオンラインでの会合やキャッシュレス決済など，私たちの暮らしは10年前とは大きく変わってきています。また熊本では2016年の熊本地震の際，それまでの日常が一変した避難生活を私たちは余儀なくされました。災害が多発する現在の日本において，自らが情報を獲得し，その情報を活用することによって眼前の課題を解決する能力は必須と言えるでしょう。

　知的障害者が地域社会で暮らしを営んでいくためのスキルについても，大きく変わろうとしています。一昔前は，バスに乗るための必要なスキルとして「乗車時にとった整理券の番号を見て，料金表に記載されている料金を運転席横の運賃箱に入れる」ことが必要でした。しかし現在は IC カードにより，整理券をとる必要もなく，支払い時に料金を確認する必要もありません。このように技術の普及によって生活に必要なスキルも変わってくることがあり，そしてこれからも大きく変わっていくことが予想されます。

　そのように未来社会を見据えると，学校で学ぶべきは特定の具体的スキルよりも，より本質的なリテラシー（理解力と応用力）だと考えられます。もちろん以前から知的障害児教育が目指していたことでもありますが，VUCA 時代においてはより重要性を増していると言えるで

しょう。そのリテラシーの1つに「情報活用能力」があると位置づけられます。

2 知的障害児における情報活用能力育成のポイント

❶ 情報活用能力を支える「教科学習」

　この情報活用能力は，各教科によって培われる様々な知識や技能，思考力や判断力と連動しています。国語や算数・数学と深く関連する言語や論理的思考力はもとより，生活科・理科・社会科で学んだ知識が基盤となり情報を活用していきます。また音楽・図画工作・美術・保健体育や職業・家庭などの実技系教科についても，ICT を活用することで表現の拡がりや技能の向上が期待されます。知的障害のある子どもにとって情報活用能力と各教科のつながりはとても強いため，各教科との関連性の中で情報活用能力を育成していくことが重要です。

❷ 「想定される学習内容」との関連

　本書の第1章で詳しく解説されていますが，情報活用能力の育成については文部科学省より「想定される学習内容」として「基本的な操作等」「問題解決・探究における情報活用」「プログラミング」「情報モラル・情報セキュリティ」の4つが示されています。知的障害児教育でもこれらの学習内容が基本になりますが，知的障害のある子どもの特性から育成の仕方については工夫が必要だと考えられます。

　まず「基本的な操作等」については，発達段階に応じて細やかに指導する必要があり，子どもによっては基本的な操作スキルを系統的に学ぶ時間を特設した方がよいと思います。各教科等の授業の中で実際に使用しながら操作等を教える場合，その場面に特化した操作になるため般化しづらい側面があります。また「情報モラル・情報セキュリティ」についても，場面ごとに扱っていても知識が断片化しやすいため系統的に教えた方がよいと考えられます。

　「プログラミング」についても，発達段階に応じて多様な学習方法を想定した方がよいと思います。使用するプログラムツールも，小学校や中学校等での実践事例ではデジタルツールやアプリを利用することが多いようですが，知的障害児教育ではアンプラグド（テクノロジーを使わない）ツールなど，幅広く子どもの実態に合わせたものを利用する方がよいでしょう。

　「問題解決・探究における情報活用」では，特に知的障害児の場合は実際の場面で情報活用能力を発揮できるよう，自らの生活にかかわる「自分事」として捉えることが重要です。そのためには自己選択・自己決定をする場面を多く設定し，情報を活用することで自分が抱えている課題を解決した体験を増やすなど，情報活用場面の工夫が必要になります。

　本書で紹介される実践事例を参考に，知的障害児の情報活用能力の育成について積極的な取組がなされることを期待しています。

情報活用能力とは

後藤　匡敬

1　すべての学習の基盤となる資質・能力の１つ「情報活用能力」

　「情報活用能力」，現行の学習指導要領になってよく耳にするようになった言葉です。それは，学習指導要領の中に明記されたからなのですが，「情報活用能力とは何ですか」と問われたら，どのように答えますか。以下より，イメージに近いものを選んでみてください。

A　タブレットやスマートフォンなど，情報機器を上手に操作する能力

B　膨大な情報に溢れる現代において，情報を取捨選択し，うまく活用する能力

C　プログラミング的に段取りを考えて，思考する能力

D　情報モラルや情報セキュリティについて理解し，情報機器とうまく向き合う能力

　さて，どれを選ばれたでしょうか。

　実は「情報活用能力」は，上記の選択肢のいずれの要素も含みます。どれか１つだけ，というわけではありません。種々の要素が絡み合っているため，複雑で捉えづらい概念とも言えるかもしれません。その複雑さは，小林らの論文（2022）でも示唆されています。

　ここで，情報活用能力の定義を確認しておきます。学習指導要領解説には，

> 　**情報活用能力**は，世の中の様々な事象を情報とその結び付きとして捉え，**情報及び情報技術を適切かつ効果的に活用して，問題を発見・解決したり自分の考えを形成したりしていくために必要な資質・能力**である。
>
> 文部科学省（2018）特別支援学校教育要領・学習指導要領解説　総則編 p.207より
> （※太字は筆者によるものです。）

と明記されています。

　よく「情報活用能力＝ ICT 活用」とイメージされることが多いのですが，その場合，イメージは情報技術（IT：Information Technology）にフォーカスされているように思います。情報活用能力は，単なるパソコンやタブレットの操作技能ばかりではなく，情報そのものを適切に，効果的に活用する力も含めて指していることが，前述した学習指導要領解説の定義からは読み取れます。それらの情報や情報技術（IT）をうまく活用して達成したいのは，問題を発見したり解決したり，その過程で自分の考えを形成したりしていくことであり，それらを実現する能力として，「情報活用能力」と表現されています。情報活用能力の育成は，変化が大き

く様々な問題に直面するであろう未来社会において，情報を主体的に考え，見出した情報を活用しながら他者と協働して解決し，新たな価値の創造に挑んでいくためにも重要視されているのです。

　また「情報活用能力」は，「言語能力」や「問題発見・解決能力」と並び，**すべての学習の基盤となる資質・能力**の１つとして，現行の学習指導要領から初めて明示されました。学習の「基盤」となる資質・能力ですので，１教科限りではなくどの教科等にもかかわります。よって，情報活用能力は，すべての学びを支えすべての学習で活用できる，すなわち汎用できる能力であると考えています。そして，すべての教科等の特質に応じて，適切な学習場面で，教科等横断的な視点に立って育成することが大切になります。すべての学習の基盤となる情報活用能力を育み，それを発揮させることにより，各教科等における主体的・対話的で深い学び，確かな学びへとつながっていくと期待しています。その先に，自ら問題を発見・解決したり，自分の考えを形成したりしながら，最終的には児童生徒自身が夢や希望の実現に向けて成長していく姿を見据え，日々の教育活動に取り組んでいきたいところです。

　こうした，情報活用能力が児童生徒自身の夢や希望の実現につながっているイメージを，熊本大学教育学部附属特別支援学校では下図のようなイメージ図にして職員間で共通理解を図りながら研究を推進しました。情報活用能力は，確かな学びを支える１つの要素であり，児童生徒の夢や希望の実現に向けて育成したい力であると捉えています。

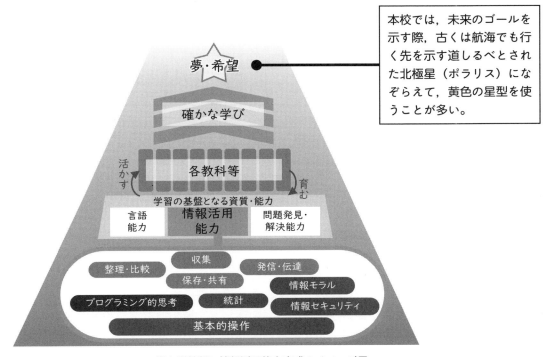

熊大附特版　情報活用能力育成のイメージ図

2 情報活用能力の要素

❶ 情報活用能力の定義の変遷

　情報活用能力という言葉について，文部科学省の資料に基づき改めて捉え直してみます。1984（昭和59）年から始まった臨時教育審議会が，1986（昭和61）年第二次答申において「情報および情報手段を主体的に選択し活用していくための個人の基礎的な資質（情報活用能力）」を，読み・書き・算盤に並ぶ基礎・基本と位置づけたことが情報活用能力の最初の定義と言われています。その後，1997（平成9）年の「情報化の進展に対応した初等中等教育における情報教育の推進等に関する調査研究協力者会議」の第1次報告の中で，情報活用能力の定義として「情報活用の実践力」「情報の科学的な理解」「情報社会に参画する態度」の3観点が示されました。さらに2006（平成18）年の「初等中等教育の情報教育に係る学習活動の具体的展開について」の報告書では，3観点が8要素に細分化されました（下表）。このように情報活用能力は複合的な能力であり，時代によって変わりうる概念である（稲垣・中橋，2017）ことから，流動的な要素があり，新しくアップデートしていく必要があります。

情報活用能力の3観点と8要素

情報活用の実践力	● 課題や目的に応じた情報手段の適切な活用 ● 必要な情報の主体的な収集・判断・表現・処理・創造 ● 受け手の状況などを踏まえた発信・伝達
情報の科学的な理解	● 情報活用の基礎となる情報手段の特性の理解 ● 情報を適切に扱ったり，自らの情報活用を評価・改善するための基礎的な理論や方法の理解
情報社会に参画する態度	● 社会生活の中で情報や情報技術が果たしている役割や及ぼしている影響の理解 ● 情報モラルの必要性や情報に対する責任 ● 望ましい情報社会の創造に参画しようとする態度

（2006（平成18）年「初等中等教育の情報教育に係る学習活動の具体的展開について」の報告書）

❷ 情報活用能力の諸要素

　直近の情報活用能力の定義については，前述した学習指導要領解説の表記の通りですが，複合的な能力ですので，捉えづらさがあります。そこで要素に分解することで整理してみます。情報活用能力にはどのような要素があるのか，前述した学習指導要領解説を踏まえて考えていきます。実は，学習指導要領解説で示された情報活用能力の定義の表記には続きがあり，小林先生も前述（p.10）されていますが，以下のような具体的な表現があります。

情報活用能力をより具体的に捉えれば，学習活動において必要に応じてコンピュータ等の情報手段を適切に用いて**情報を得たり**，情報を**整理・比較**したり，得られた情報を分かりやすく**発信・伝達**したり，必要に応じて**保存・共有**したりといったことができる力であり，さらに，このような学習活動を遂行する上で必要となる情報手段の**基本的な操作**の習得や，**プログラミング的思考，情報モラル，情報セキュリティ，統計**等に関する資質・能力等も含むものである。こうした情報活用能力は，各教科等の学びを支える基盤であり，これを確実に育んでいくためには，各教科等の特質に応じて適切な学習場面で育成を図ることが重要であるとともに，そうして育まれた情報活用能力を発揮させることにより，各教科等における主体的・対話的で深い学びへとつながっていくことが一層期待されるものである。

文部科学省（2018）特別支援学校教育要領・学習指導要領解説　総則編 p.208より
（※太字は筆者によるものです。）

　この文章からわかるのは，「情報を得る（収集），整理する，比較する，発信する，伝達する，保存する，共有する」のように，情報を扱う動きの動詞を用いて**学習プロセス**を表現してあるものと，「基本的操作，プログラミング的思考，情報モラル，情報セキュリティ，統計」のように，**学習内容**で示してあるものに分類できる，ということです。これらのことを，本校の研究では**「育成できる情報活用能力」**として下図のように表現しました。

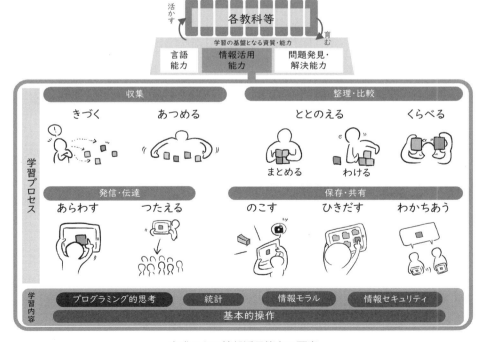

育成できる情報活用能力の要素

それでは，情報活用能力を育成するためには，どのような学習内容が想定されるのでしょうか。文部科学省が2020年にまとめた成果報告書（次世代の教育情報化推進事業（情報教育の推進等に関する調査研究）成果報告書）では，情報活用能力育成のための**「想定される学習内容」**を位置づけています。報告書では**「基本的な操作等」「問題解決・探究における情報活用」「プログラミング」「情報モラル・情報セキュリティ」**の４つが示されており，これらを各教科等の特質に応じて適切に設定し，各学習場面で育成することになります。本書でも，この４項目を活用していきます。「想定される学習内容」と，それにより「育成できる情報活用能力」の関連を図式化したものが下図です。例えば，「問題解決・探究における情報活用」の学習を行うことで，情報を整理したり比較したりする力を育成できる，という関連です。

想定される学習内容	例	育成できる情報活用能力
基本的な操作等	キーボード入力やインターネット上の情報の閲覧など，基本的な操作の習得等に関するもの　等	基本的操作
問題解決・探究における情報活用	問題を解決するために必要な情報を集め，その情報を整理・分析し，解決への見通しをもつことができる等，問題解決・探究における情報活用に関するもの　等	収集　発信・伝達　整理・比較　保存・共有　統計
プログラミング（本事業では，問題解決・探究における情報活用の一部として整理）	単純な繰り返しを含んだプログラムの作成（育成する場面）や問題解決のためにどのような情報を，どのような時に，どれだけ必要とし，どのように処理するかといった道筋を立て，実践しようとするもの　等	プログラミング的思考
情報モラル・情報セキュリティ	SNS，ブログ等，相互通信を伴う情報手段に関する知識及び技能を身に付けるもの（育成する場面）や情報を多角的・多面的に捉えたり，複数の情報を基に自分の考えを深めたりするもの　等	情報モラル　情報セキュリティ

「想定される学習内容」と「育成できる情報活用能力」の関連

　「想定される学習内容」について，もう少し詳しく説明します。

【基本的な操作等】

　情報活用能力は，必ずしも情報機器の活用を求めるものではありませんが，情報機器を活用する中で情報そのものを扱うことは，現代社会においては非常に多いです。必然的に情報機器を操作する場面が出てきます。その際に必要なのが，タブレットやスマートフォン，パソコンといった情報機器の操作能力です。画面に表示されたボタンを操作する文字入力，キーボード入力やアプリの操作等ができることで，情報を効率よく集めたり，表現して発信したり，思考する道具として使ったりという普段使いにつながります。

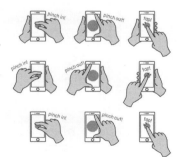

【問題解決・探究における情報活用】

　問題を解決するために必要な情報を収集したり，整理して比較できるようにしたり，表現や発信をしたり，解決に向けて試行錯誤しながら探究したりする過程で情報を活用することを，

学習プロセスの中で経験する内容です。例えば，1つのプロジェクトに複数人で取り組めば，探究活動を自然な流れで仕組むことができます。実生活は，小さな課題の解決と探究の繰り返しなので，実際の生活に近い形で情報活用をすることができます。

【プログラミング】

　「プログラミング的思考」の定義は，「自分が意図する一連の活動を実現するために，どのような動きの組合せが必要であり，一つ一つの動きに対応した記号を，どのように組み合わせたらいいのか，記号の組合せをどのように改善していけば，より意図した活動に近づくのか，といったことを論理的に考えていく力」とされています（文部科学省，2016）。段取りよく，より適切な道筋で問題を解決するにはどうすればよいか，と客観的に俯瞰しながら考える力です。プログラミングは，プログラミング的思考を身に付けるために，ロボットやアプリのようなプログラミングツールを用いることで効率的に学習できます。尚，前述した文部科学省の成果報告書（2020）では，「問題解決・探究における情報活用」の一部として整理されています。

【情報モラル・情報セキュリティ】

　情報で溢れている現代ですが，様々な情報にはコンピュータネットワークを介して触れることになります。SNS等，相互通信を伴う情報手段を活用する際には，情報手段を介して必ず相手とつながったり，公共の場が存在したりすることになり，それは対面でコミュニケーションをとる際と同様のモラルが求められます。また，コンピュータネットワーク上で個人情報を取り扱うことも増え，セキュリティに関する知識及び技能も求められてきます。情報の性質を理解しつつ，情報を多角的・多面的に捉えたり，複数の情報をもとに自分の考えを深めたり，ICTと向き合ったりする学習機会は重要です。

　知的障害のある児童生徒の情報活用能力を，4項目の「想定される学習内容」を通じて育成するという視点で捉えた時，難しさを感じました。というのも，知的障害のある児童生徒は，学習によって得た知識や技能が断片的になりやすく，実際の生活場面の中で生かすことが難しい傾向が見られるからです。学習した内容が生活と結びつきづらい実態がある中，そもそもタブレットをはじめとした情報機器の操作は習得可能なのか，課題意識をもって解決に向けて探究していけるのか，段取りを考えながら最適解を求めて論理的にプログラミングができるのか，実態を感じづらいネット上の相手とうまく付き合ったり適切な振る舞いをしたりするのは難しいのではないか，タブレットに依存しすぎて学習の道具として活用できないのではないか…等々，様々な疑問や一抹の不安がよぎります。発達段階や障害特性によって乗り越えるのが難しい「壁」があるように思えたのです。ただ，その乗り越え方については，現状に目をそらさず，明らかにすべきことであるとも同時に感じました。

3 知的障害のある児童生徒の情報活用能力育成に向けてやるべき教師の第一歩

　知的障害のある児童生徒が情報活用能力を身に付けるために，我々教師は何をすべきなのでしょうか。本校が取り組んだことをいくつか紹介します。

❶ まずは ICT 活用を［目的］にして，教師がどんどんやってみる

　前述しましたが，情報機器を活用する中で情報そのものを扱うことは多いです。抵抗なく授業で ICT を活用できるようになれば，より多くの情報活用の場面を連続してつくり出すことができます。情報活用能力育成につなぐために，最終的には児童生徒の ICT 活用を目指したいところですが，その前に本校ではまず，「ICT を使ってみよう」と授業で ICT を活用することを［目的］にして取り組みました。「ICT 活用は［手段］であり［目的］ではない」とよく言われますが，それは ICT 活用がどのようなものかをつかめてからの話です。活用イメージのない段階では，それが［手段］として適しているかどうか判断できません。まず試してみて活用イメージをつかむことが大事であって，活用イメージができると，その ICT 活用が数ある学習方法の引き出しの 1 つ，すなわち［手段］になるのだと考えます。

　おすすめは「あそび研修」です。情報機器であれ，アプリであれ，最初，開発者以外は誰もその ICT を使ったことがないため，情報がありません。実際に実物を触ったり，名称を検索して動画等を手がかりに情報を集めたりして，その ICT で何ができるのか，教師同士で体験する中で，楽しみながら活用イメージが膨らんでいくので，手軽に始められておすすめです。ちなみに本校の場合，2020年の新型コロナウイルス感染拡大防止による臨時休校の間，当時まだ校内であまり活用されていなかった授業支援クラウド「ロイロノート・スクール」を題材に，オンラインで「ロイロあそび研修」を一部の教師と自主的に行いました。結果，学校再開後，授業でのロイロノートの活用が一部で活発になり，それを見た他の教師にも段階的に広がっていきました。教師の ICT 活用を日常化し，ICT 活用指導力の向上にもつながりました。

❷ 児童生徒が基本的操作を学ぶ機会をつくる

　GIGA スクール構想の流れもあり，児童生徒 1 人につき 1 台のタブレット端末の配付が当たり前になりました。自宅でタブレットやスマートフォンに触れる機会のある児童生徒は多いですが，タブレットを知的障害のある児童生徒に渡しただけではタブレットの基本的な操作や使い方はわかりません。

週時程表

	月	火	水	木	金
8:30	日常生活の指導				
9:00〜10:00	特別活動/情報	保健体育	国語	保健体育	数学
〜12:00	音楽/美術外国語	職業/生活単元学習/総合的な探究の時間			理科/家庭
〜13:00	給食・昼休み日常生活の指導				
13:00〜14:10	日常生活の指導	社会/保健体育/道徳	職業/生単/総探	自立活動	特別活動「ホームルーム」
15:00	日常生活の指導				

前頁の図は本校高等部の週時程ですが，「情報」の授業が入っており，この時間に基本的操作を含むタブレットの扱い方や向き合い方について定期的に学習しています。授業を設定するのが難しい場合もあるでしょうが，知的障害のある児童生徒にはこのように丁寧に学習する機会を設定すること自体が大事で，基本的操作が上達すると，他教科でもICT活用が広がります。

❸ 情報活用能力育成を意識して単元や授業を構想する仕掛けをつくる

　学習の基盤となる資質・能力の1つである情報活用能力は，1つの教科だけでなく教科横断的な視点に立って育成することが大切です。そのため，本校で単元や授業を構想する際に用いる単元構想シート（通称：Mシート（右図））等に，情報活用能力について記入する欄をつくりました。この仕掛けにより，授業をつくる過程で情報活用能力育成について確認しやすくなったため，知的障害のある児童生徒の情報活用能力育成を意識して授業がしやすくなりました。

　また，知的障害のある児童生徒の「情報活用能力を育成する授業づくり」のポイントを12点ほどにまとめましたが，それは後述（p.26）します。

https://www.meijitosho.co.jp/
redirect/355726/1

4　知的障害のある児童生徒と「問題解決・探究における情報活用」

　「基本的な操作等」「問題解決・探究における情報活用」「プログラミング」「情報モラル・情報セキュリティ」の4つを授業実践する中で，知的障害のある児童生徒にとって特に難しさを感じたのは「問題解決・探究における情報活用」でした。

　本書では，情報活用能力育成のために「想定される学習内容」を全般的に紹介しますが，難しさを感じた「問題解決・探究における情報活用」を中心にお伝えしていきます。

【参考・引用文献】
● 稲垣忠・中橋雄（2017）教育工学選書Ⅱ第8巻　情報教育・情報モラル教育（ミネルヴァ書房）
● 文部科学省（2020）次世代の教育情報化推進事業「情報教育の推進等に関する調査研究」成果報告書
　https://www.mext.go.jp/a_menu/shotou/zyouhou/detail/1400796.htm
● 文部科学省（2016）小学校段階におけるプログラミング教育の在り方について（議論の取りまとめ）
　https://www.mext.go.jp/b_menu/shingi/chukyo/chukyo3/053/siryo/__icsFiles/afieldfile/2016/07/08/
　1373901_12.pdf
● 熊本大学教育学部附属特別支援学校（2023）研究紀要　第34集

情報活用能力ベーシック

後藤　匡敬

1 情報活用能力ベーシック

　情報活用能力は，前項で述べたように，複雑で捉えづらい概念です。文部科学省の資料を用い，情報活用能力育成のために想定される４つの学習内容（「基本的な操作等」「問題解決・探究における情報活用」「プログラミング」「情報モラル・情報セキュリティ」）のカテゴライズで授業でやるべきことを整理する（p.18参照）と，教師間での共通理解につながります。ただ，この４つのうち，**「問題解決・探究における情報活用」**はさらに細分化される概念であり，より複雑で捉えづらく，教師間の解釈がばらつきがちです。

　そこで本校では，複雑な要素が絡む情報活用能力を，授業で意識して育成しやすくする（授業の構想及び実践に資する）ことを目的に，日本教育情報化振興会が整理した**「情報活用能力ベーシック」**を用い，知的障害のある児童生徒に必要な情報活用能力に関する考え方や捉え方の整理に活用することにしました。

（一社）日本教育情報化振興会　情報活用能力育成事業の「小学校版情報活用能力ベーシック」パンフレットより，引用

「情報活用能力ベーシック」は，現行の学習指導要領が全体として探究的な学びを志向していることから，総合的な学習の時間における探究的な４つの学習プロセス（【課題の設定】【情報の収集】【整理・分析】【まとめ・表現】）をベースに，【振り返り・改善】を加えた５つのステップ（探究の学習プロセス）で構成されています。この性質が，「問題解決・探究における情報活用」の解釈につながると考え，研究推進の材料として採用しました。実際に，情報活用能力ベーシックに基づいて授業づくりをすることで，「問題解決・探究における情報活用」について本校の教師が強く意識するようになっていきました。これは，知的障害のある児童生徒が探究活動を行う上で，どのようなポイントがあるのか，追究していくことにもつながりました。

　尚，これら「探究の学習プロセス」は，一般的な探究学習同様，活動の順序が入れ替わったり，ある活動が重点的に行われたりすることが起こり得るため，プロセスを固定的に捉えずに扱いました。

2 熊本大学教育学部附属特別支援学校版　情報活用能力ベーシック

　情報活用能力ベーシックに基づいた授業づくりをする中で，知的障害のある児童生徒にとっての探究的な学びについて深く考えるようになり，さらに理解を深めるため細分化された用語の共通理解をする必要性が出てきました。そこで，元々，情報活用能力ベーシックに含まれる**「13のキーワード（発見｜収集｜整理，比較，処理，統計｜形成，発信，伝達，表現，創造｜振り返り，改善）」**（学習を課題解決に向けた探究のプロセスとして捉えた際に，各段階に求められるスキル）も用いることにしました。ただ，これら13のキーワードは，「情報活用能力ベーシック」に定義が書かれていません。実際に活用する中で，教師間での用語の解釈の食い違いが起こりました。

　そこで，「情報活用能力ベーシック」をベースに，本校で13のキーワードの意味を各種文献等を利用し，整理してイメージ図（p.25参照）にしました。このポンチ絵には，情報活用能力育成の先に，「自分で問題発見・解決ができる」姿を目指すことを意識できるように，p.15でも紹介した北極星（ポラリス）を中央部に黄色の星型であしらって示しました。イメージ図は印刷して配付し，授業づくりの際，その都度確認できるようにしました。

3 情報活用能力ベーシック　５つのステップと13のキーワード

　それでは，本校版情報活用能力ベーシックに明記した５つのステップ（課題解決に向けた探究のプロセス）と13のキーワード（学習を課題解決に向けた探究のプロセスとして捉えた際に，各段階に求められるスキル）について説明します。

❶ 課題の設定

　課題に気付いたり，活動の中で課題を発見したりすることで，達成すべき目標を明らかにする段階です。

　　発見　課題を見つける

❷ 情報の収集

　課題解決の手がかりとなる情報を収集する段階です。

　　収集　情報を集める

❸ 整理・分析

　集めた情報を整理し，情報同士を比較したり，処理して関連づけたり，統計をとったりして，正確に理解する段階です。

　　整理　比較や処理，統計がしやすいように，必要な情報を選び，観点をもって異なる情報を
　　　　　整える（取捨選択）

　　比較　観点をもって異なる情報を比べる

　　処理　情報の分類や分析をし，事象を情報とその結びつきとして捉えてつなぐ（再構成）
　　　　　（数理処理・データ処理）

　　統計　グラフなどの統計情報から客観的に捉える

❹ まとめ・表現

　学習の目的や意図に応じて，情報をもとに自分の考えを形成し，相手に伝達しやすいように発信を工夫しながら表現したり，新しい意味や考えを創造したりする段階です。

　　形成　得た情報をもとに，自分の考えをもつ

　　発信　受け手（発信の相手）の状況などを踏まえて情報を出す

　　伝達　適切かつ効果的な伝達手段を「伝わるかどうか」の視点で取捨選択し，伝える

　　表現　情報同士の比較や関連づけをし，伝わるように表す

　　創造　新しい意味や考えを自ら生み出す（クリエイティブ）

❺ 振り返り・改善

　学習を通して学んだことなど行為そのものを振り返り，成長を実感した上で，さらなる改善を目指す段階です。

　　振り返り　探究の成果をまとめる中で，自身の変化や成長を客観的に見つめ，新たな気付き
　　　　　　　を得る（リフレクション（省察・内省））

　　改善　　　より善くするために，自分の考えや行動を改める

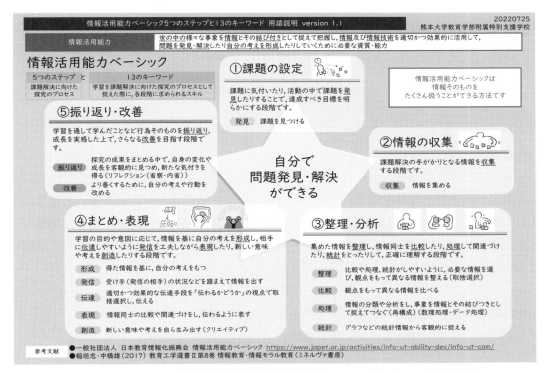

情報活用能力ベーシック

情報活用能力：世の中の様々な事象を情報とその結び付きとして捉えて把握し，情報及び情報技術を適切かつ効果的に活用して，問題を発見・解決したり自分の考えを形成したりしていくために必要な資質・能力

5つのステップ　と　13のキーワード
課題解決に向けた探究のプロセス　学習を課題解決に向けた探究のプロセスとして捉えた際に，各段階に求められるスキル

情報活用能力ベーシックは情報そのものをたくさん扱うことができる方法です

①課題の設定
課題に気付いたり，活動の中で課題を発見したりすることで，達成すべき目標を明らかにする段階です。
発見　課題を見つける

⑤振り返り・改善
学習を通して学んだことなど行為そのものを振り返り，成長を実感した上で，さらなる改善を目指す段階です。
振り返り　探究の成果をまとめる中で，自身の変化や成長を客観的に見つめ，新たな気付きを得る（リフレクション（省察・内省））
改善　より善くするために，自分の考えや行動を改める

②情報の収集
課題解決の手がかりとなる情報を収集する段階です。
収集　情報を集める

自分で問題発見・解決ができる

④まとめ・表現
学習の目的や意図に応じて，情報を基に自分の考えを形成し，相手に伝達しやすいように発信を工夫しながら表現したり，新しい意味や考えを創造したりする段階です。
形成　得た情報を基に，自分の考えをもつ
発信　受け手（発信の相手）の状況などを踏まえて情報を出す
伝達　適切かつ効果的な伝達手段を「伝わるかどうか」の視点で取捨選択し，伝える
表現　情報同士の比較や関連づけをし，伝わるように表す
創造　新しい意味や考えを自ら生み出す（クリエイティブ）

③整理・分析
集めた情報を整理し，情報同士を比較したり，処理して関連づけたり，統計をとったりして，正確に理解する段階です。
整理　比較や処理，統計がしやすいように，必要な情報を選び，観点をもって異なる情報を整える（取捨選択）
比較　観点をもって異なる情報を比べる
処理　情報の分類や分析をし，事象を情報とその結びつきとして捉えてつなぐ（再構成）（数理処理・データ処理）
統計　グラフなどの統計情報から客観的に捉える

参考文献
●一般社団法人　日本教育情報化振興会　情報活用能力ベーシック　https://www.japet.or.jp/activities/info-ut-ability-dev/info-ut-com/
●稲垣忠・中橋雄（2017）教育工学選書II 第8巻 情報教育・情報モラル教育（ミネルヴァ書房）

熊本大学教育学部附属特別支援学校版　情報活用能力ベーシック　イメージ図（2022）

　5つのステップに加え，13のキーワードも活用するようにしたことで，以下のような気付きがありました。授業づくりが深まっている様子が読み取れます。

- 授業研究会での協議を通じ，知的障害のある児童生徒における情報活用能力についての理解を深めることができた。

- 小学部段階では，例えば13のキーワードのうちの発見の場合は，［感じる］［気付く］といった情報活用能力の基礎となる要素を育成する視点が重要である。また，情報活用能力獲得の前段階である，素地となる力（事物の名前，物の用途，因果関係，色，形，言葉，概念，模倣，注目，記号・絵，集団参加の方法等の理解）を着実に身に付けることが，その後の情報活用能力育成へとつながる。

- 中学部段階では，時間と支援量をかけて振り返り，改善を丁寧に行う大切さや，比較に至る前段階で整理する際の観点をもって物事を捉える生徒の困難性が明らかになった。また，観点の理解には語彙力が大きくかかわることが見えてきた。

- 高等部段階では，収集，整理やタブレット上の表現が上達した。また，振り返り，改善を重ねて，自分の考えを形成したり創造したりする姿を期待したい。

- 知的障害のある児童生徒における情報活用能力の育成は，生活年齢の段階よりも，児童生徒の発達段階によって配慮するところが大きい。

情報活用能力を育成する授業づくり
12のポイント

後藤　匡敬

　2020年度から2022年度にかけての３年間，知的障害のある児童生徒に情報活用能力を育成することを念頭に授業実践を行い，研究発表会で約30本発表してきました。発表していないものも数えると，相当数の授業実践を行ったことになります。その中で，各授業実践の共通項を洗い出して整理したところ，**「知的障害のある児童生徒の情報活用能力育成に向けた授業づくりのポイント」**が12点ほど見えてきました。各ポイントの詳細は後述しますが，ここでは概観と，それらの関係性を説明していきます。

知的障害のある児童生徒の情報活用能力育成に向けた授業づくりのポイント

ポイント1　　基本的操作を丁寧に学ぶ機会

ポイント2　　課題解決型・プロジェクト型の学習

ポイント3　　「自分のこと」としての課題設定

ポイント4　　明確なインプット（実体験含む）

ポイント5　　一元化された情報を使う

ポイント6　　必然性のある学習（探究の学習プロセス）

ポイント7　　言語化（代弁的に経験と知識をつなぐ）

ポイント8　　可視化（いつでも参照できる環境）

ポイント9　　表現の機会を設定

ポイント10　視覚的即時フィードバック

ポイント11　他の活用場面を設定

ポイント12　自己選択・自己決定の場面設定

　これら12のポイントについて，学習のレベルを質的に３段階に分け，情報活用能力ベーシックの５つのステップで整理し，次頁のように各要素の関係性を図解しました。

　図解について，まず［参加］レベル（知っている・できる）では，「基本的操作を丁寧に学ぶ機会」を整え，基本的操作ができるようにすることが大事です。「課題解決型・プロジェクト型の学習」を設定することで，既有の知識や技能を生かして課題を解決しようと思考が始まります。その際，「『自分のこと』としての課題設定」「明確なインプット」の手立てによって，自分自身の課題意識が高まります。タブレットを使い，「一元化された情報を使う」ことで，

課題解決に向けた情報を整理しやすくなります。

　次に［理解］レベル（わかる）では，「必然性のある学習」を設定し試行錯誤しやすい状態にします。「言語化」や「可視化」，「視覚的即時フィードバック」により，児童生徒本人へのフィードバックを支え，理解を促します。「表現の機会を設定」すれば，更なるフィードバックが期待できます。これが［活用］レベル（使える）になると，「他の活用場面を設定」することで［理解］したものを活用する機会をつくり，理解をより確かなものに磨いていきます。こうすることで，情報活用能力をより確かなものにしていきます。

　自分で問題発見・解決するためには，答えを知るだけではなく，「自己選択・自己決定」の経験や，自分なりに考えを形成する経験も必要で，そういった場面を設定していくことも重要と考えます。

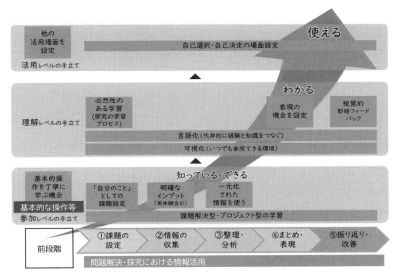

図解　「授業づくりのポイント12」の関係性

　次頁から，前述の通り「知的障害のある児童生徒の情報活用能力育成に向けた授業づくりのポイント12」についてポイント1つにつき1頁を割いて細かく説明していきます。

　第2章では，知的障害のある児童生徒の情報活用能力育成を目指した授業実践を12事例紹介します。こちらは次頁から紹介していく「知的障害のある児童生徒の情報活用能力育成に向けた授業づくりのポイント12」とリンクしています。行ったり来たりしながら読み進めてください。

【参考・引用文献】
● 小林祐紀・稲垣忠・中川一史・中沢研也・渡辺浩美（2020）学習のプロセスに情報活用能力を位置づけた情報活用能力ベーシックの提案（AI時代の教育学会　研究会　論集　2020年度　第1号）
● 一般社団法人日本教育情報化振興会「小学校版情報活用能力ベーシック」
　https://www.japet.or.jp/activities/info-ut-ability-dev/info-ut-com/
● 熊本大学教育学部附属特別支援学校（2023）研究紀要　第34集

基本的操作を丁寧に学ぶ機会

タブレットを
しっかり活用で
きているなぁ。

タブレット端
末の基本操作
を丁寧に学ぶ
時間をつくる

廣田　拓也

概要

　タブレット端末をはじめとした情報機器の扱いや，情報手段の基本的操作は，実際に活用する中で覚えていきます。タブレット自体は直感的に操作できるデザインになっていますが，つまずく箇所は，児童生徒によって様々です。個別に対応する中で学び取る部分も多く，**実際に操作をすることを通して，丁寧に確認できる学習機会を設定することが重要**になります。本校では，以下の2点を意識して学習を組み立てています。

❶ 教育課程編成の工夫

　教科等の授業における学習の流れを大事にしながら，情報手段の基本的操作スキルの獲得を図る方法があります。中学部「職業・家庭（職業分野）」や高等部「情報」等，特設した時間を設定できると，基本的操作のスキルアップに向けて丁寧に学習できます。

❷ 教科横断的な学習計画と学習集団の工夫

　継続的，反復的な学習は基本的操作スキルの獲得に効果的です。獲得したスキルを，単元や教科の枠を超えて，横断的に活用できるように学習計画を立てると，確実な定着につながります。また，ニーズに合わせて習熟度別の学習集団の編成をすることも効果的です。

活用にあたって（うまくいくコツ）

　児童生徒の興味や発達段階に合わせて，好きなことや易しい内容から楽しく遊ぶように取り組むことをおすすめします。

　また，タブレット端末の活用については「特定の授業内だけで成り立つもの」にするのではなく，「表現や理解の補助ツール」として普段から使える環境にすることで，様々な場面での自然な活用につながっていきます。

課題解決型・プロジェクト型の学習

高等部サービ
ス班「サービス
会議」の様子

この課題を解決するためには，どうしたらいいかな？

この課題とこの課題は同じことだから，関係がありそうだね！

辻　清美

概要

❶ 生活の中で目的をもって学ぶ

　知的障害のある児童生徒は，学習で学んだ知識や技能が断片的になりがちで，他の場面では活用しづらいという特徴があります（学習指導要領解説より）。学習した様々な学習要素を他の場面へ活用する（般化する）こと自体が難しい場合もあります。生活の流れの中で，1つの目的達成に向けた営みを行いながら学ぶ**課題解決型・プロジェクト型の学習を設定することで，生活の流れを意識した学習が自然とできます。**

❷ 多様な情報に触れる，獲得する

　課題解決型・プロジェクト型の学習では，目標の達成に向けて様々な情報を取り扱うことができます。達成をしたい目標を意識する中で，課題を発見し，目的意識をもって学ぶことで，多様な情報の中から必要な情報を選び，扱うことができるようになります。

活用にあたって（うまくいくコツ）

【わかりやすい目標の設定】

　「プログラミングロボットをゴールまで動かそう（第2章2）」「文化祭でカフェを成功させよう（第2章12）」等，児童生徒にとってわかりやすい目標を設定すると，自ら目標の達成を意識して学習しやすくなります。「ミッション」「○○名人（になろう）」等の言葉を使い目的意識を促すのも効果的です。

【定期的に学習の目標を振り返る】

　「何のために学習を行っているのか」わからなくなる（忘れる）ことはよくあります。「今何をしているのか」「目標は何だったか」を，教師が話題に出して共に確認する，振り返ることで，意識を保ちながら学習に向き合うことができます。

「自分のこと」としての課題設定

明日の活動はこれだから…
必要なものはこれかな？

辻　清美

概要

　知的障害のある児童生徒が既習事項を他の場面で活用（般化）しづらい要因として，既習事項を「自分のこと」として捉えきれていないことが挙げられます。**課題設定の段階で，自分に関することについて課題を設定しておくことで，学習内容を「自分のこと」として捉えやすくなったり，学習自体の必然性を感じやすくなったりします。**

　その結果，課題解決に向けた探究の意識が芽生え，それに伴う行動が自然と生まれやすくなります。また，目標や課題が捉えやすくなることで，学習への参加意欲も高まります。さらに，課題を解決する経験を重ねる中で，「自分のこと」以外の集団における課題や社会的な課題に目を向けたり，考えて行動したりする態度の醸成が期待できます。

活用にあたって（うまくいくコツ）

【具体物を用いて体験的に考える場面の設定】

　「自分のこと」として課題を意識する手立てとして，文字や画像等で視覚的に伝えたり，教師と一緒に確認したりする等があります。児童生徒によっては，言葉の意味をイメージしたり理解したりすることが難しい場合があるため，道具やカード等を用いて分類したり（第2章3），活動時の写真を見て振り返ったり等，具体物を用いて体験的に活動したり考えたりすることで理解を促せるでしょう。

【いつでも課題を確認，改善できるように】

　自身の課題をワークシートやタブレットを活用して，記録，保存することで，必要な場面で課題を確認したり，改善したりすることができます。いつでも情報を確認できるようにすることで，自分で課題を設定することにもつながりやすくなります。

明確なインプット（実体験含む）

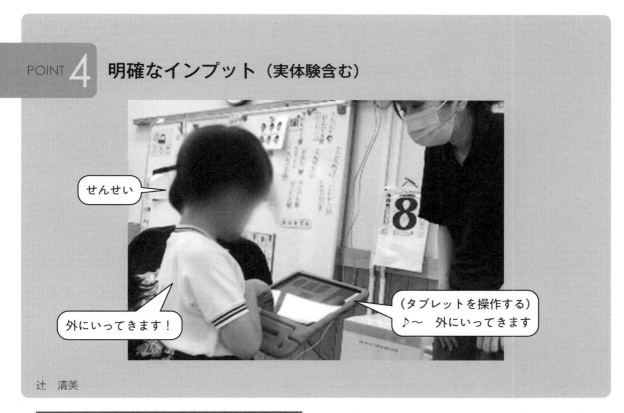

せんせい

外にいってきます！

（タブレットを操作する）
♪〜　外にいってきます

辻　清美

概要

❶ 体験する中で情報を収集する

　自分で実際に手を動かしたり，パフォーマンスしたりと，自らが行動する中で学ぶことができるように，体験的な活動を取り入れます。自らの体験がベースとなるため，体験にまつわる様々な情報の収集ができ，その次の段階（集めた情報を比較する，整理する等）の概念形成へとつながっていきます。

❷ 可視化・動作化して，より実感しやすく

　様々な情報の中には，児童生徒にとっては抽象的でわかりにくい，イメージしにくいことがあります。目標や行動も含め，児童生徒が意識して学習活動に取り組むために，わかりやすくインプットすることが重要です。そのためには**情報を文字や音声などで視覚的，聴覚的に伝えるだけでなく，動きで示したり，実際に体験したりすることで，より実感しや**すくなります。タブレットは，録音した音声や撮影した動画を即座に確認できるため，インプットを支えるのに便利です。

活用にあたって（うまくいくコツ）

【様々な方法で情報をインプットする】

　相手へ意思表示する際，「どう伝えればよいかわからない」「言葉のイメージが難しい」等，児童生徒の実態は様々です。言葉の例を文字・イラストカードにすることで，視覚的に情報を得ることができ，カードを手がかりに意思表示がしやすくなります。本人の強みを生かす方向で，インプットを支えました。

　視覚情報に，聴覚情報を加える（音声を模倣する（第2章9））ことで，よりインプットしやすくなります。また，動作の音声化（例：「はんぶんこ，はんぶんこ」と伝えながら洋服を半分にたたむ）も効果的です。

一元化された情報を使う

写真も動画もネット検索した情報などもクラウドやタブレットにより1か所にまとめる。

多田　肇

概要

　タブレット端末をうまく用いると，複数のアプリを1つの端末で起動できるため，散在しがちな情報を一元的に扱うことができます。同じアプリを活用したり，同じ方法で操作したり，調べたり，相手に伝えたりと，**1つの端末で操作が完結することは児童生徒自身が自信をもって表現することにつながります。**また，情報がクラウドに一元管理されていると，時間内に終わらず途中の状態でも，別の機会に続きの操作を行うことができます。

活用にあたって（うまくいくコツ）

　授業で用いる場面を設定するのもいいですが，生活の中で必然的に用いる場面を設定すると，児童生徒自身が一元化というメリットを体感し，積極的に活用しようとする姿が引き出されやすくなります。例えば，「学級菜園でできた野菜を撮影し，その野菜の調理方法を昼休みに検索してみる」，「休日にお出かけした場所の写真や，おいしかった食べ物の写真を撮る等して日記でまとめてみる」等，児童生徒の興味・関心に沿って進めてみると，児童生徒もより主体的に取り組めると思います。

　また，児童生徒が以下の操作ができると「一元化された情報」を扱いやすくなります。

- Wi-Fi につなげることができる。
- Wi-Fi につなげる前に撮影した写真等も保存できることを知っている。
- 収集した情報はクラウド上に保存されていることを大体理解している。
- ブラウザアプリ等を使って検索ができる。
- 指などを使って画面操作ができる。
- 収集した情報の加工や削除をしない。

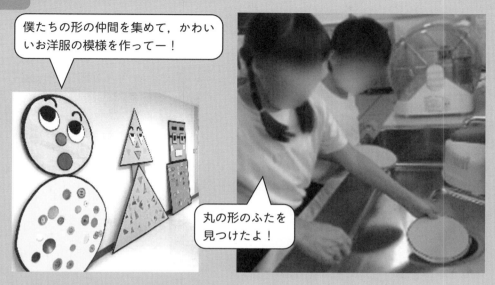

POINT 6 必然性のある学習（探究の学習プロセス）

奥田　隼人

概要

　知的障害のある児童生徒は，学習によって得た知識や技能が断片的になりやすく，実際の生活場面の中で生かしながら問題を解決することが難しいです。抽象的な内容の指導が理解しづらいことが多いことから，実際的な生活場面の中で，具体的に思考や判断，表現できるようにする指導が効果的です。

　「探究の学習プロセス［課題の設定　｜情報の収集　｜　整理・分析　｜　まとめ・表現　｜　振り返り・改善］」に基づいた授業づくりを行うことで，必然性のある学習にすることができます。学習に必然性があると，学習目標（何のために学ぶのか）や学習プロセス（どのように学ぶのか）もはっきりするので，意識を向けて学習に取り組みやすいです。例えば，生活の中から形を見つけて探す算数の学習では，キャラクター「まるちゃ

ん」の服の模様になる丸い形を探すことを課題にしました（第2章6）。

　課題解決に向け，既有の知識や技能を生かして思考や判断，表現することができたり，主体的に学びに向かう姿を引き出したりすることができます。

活用にあたって（うまくいくコツ）

　必然性のある学習になるよう，生活上の課題等を題材に設定したり，児童生徒に学んでほしいと教師が願っていることを，児童生徒自身の学びたいことに変換したりします。

　「探究の学習プロセス」の［課題の設定］は，児童生徒の実態によって設定が難しい場合もあるため，教師が行う方法もあります。また，「探究の学習プロセス」は，課題設定から課題解決までの学びの文脈を考えて授業を設定するようにします。

言語化（代弁的に経験と知識をつなぐ）

たくさんあったね。一番伝えたかったことはこういうことかな？

今日はこんなことがあって，あれもこれもあって，こんなこともあって…あれもありました！　他にも…

たくさんあって頭がごちゃごちゃしてきたぞ…

辻　清美

概要

❶ 情報を整理，選択できるように

　学習活動に取り組むと，様々な情報に触れますが，自分で情報を整理したり，選び取ったりすることが苦手な児童生徒もいます。その際は，**教師が事前に情報を精選した上で児童生徒と一緒に情報を整理することが大事です**。その経験の蓄積により，児童生徒が理解しやすくなったり，自分で選択しやすくなったりすることが期待できます。

❷ 対話を通して経験と知識をつなぐ

　児童生徒自身の理解や表現の方法に応じて，代弁的に教師がそばで言語化したり，対話の中で児童生徒の発言に説明を補足したりすることで，児童生徒自身の経験と知識をつないで理解を促すきっかけをつくります。経験と知識がつながることで，児童生徒自身の中に汎用的な能力として残っていきます。

活用にあたって（うまくいくコツ）

【児童生徒に合った表現方法と受け止め】

　学習活動時の気付きや学び，感じたこと等，児童生徒の発信を受け止めます。その後，対話を重ねながら受け止めた発信を言語化し，児童生徒自身の成長の実感につなげます。言語化する際には「聞く」だけでなく，「書く」「見る」「読む」など，本人の得意な表現方法を用いることで，より意識できるようになり，般化しやすくなります。

【様々な場面で「話す時間」を確保する】

　学習活動の中で「発表」「振り返り」等の時間を設定することに加え，様々な場面で気付き等を自由に発言できる時間を設定したり，雰囲気づくりを行ったりします。児童生徒自身が経験等を言語化しようとしたり，周囲へ発信しようとしたりする意欲の高まりやスキルの獲得にもつながります。

POINT 8 可視化（いつでも参照できる環境）

奥田　隼人

概要

　声かけ等，耳から情報を得る聴覚的な情報処理よりも，文字や絵等，目から情報を得る視覚的な情報処理を得意とした視覚優位の児童生徒に向いている支援方法です。また，長期的な記憶の保持や，自分に意識を向けることが難しい児童生徒が記憶を思い出すきっかけにもなります。

　学んだことを文章や写真等を用いてまとめた模造紙やワークシートを，掲示物のように視界に入る形で残すことで，児童生徒のタイミングで，いつでも参照できる環境となり，児童生徒が想起したり思考したりするきっかけになります。 教師にとっては，他の教師と学びの成果を共有でき，複数の教師が同じ視点をもって児童生徒本人にかかわることができます。さらに，掲示することを事前に伝えて取り組むことで，相手にはどう見えるか，正しく伝わるか等，伝わる表現を考えたり，相手意識をもつ必要性を実感したりするきっかけにもなります。

活用にあたって（うまくいくコツ）

　掲示物は，写真やイラスト等を用いて，学んだことが一目でわかりやすいようにします。掲示物の大きさに関しては，A4サイズ程度の持ち運びができる大きさで学びをまとめると，関連する学習の際に持参して，参考にすることができます。

　振り返りのワークシートを記入し掲示する際には，学んだことの羅列で終わらせず，「学びを他の場面でどう生かすのか」まで記入できるようにする方法もあります。評価欄やコメント欄を設けて，自己の変容を追えるようにしたり，自分以外からのフィードバックがわかるようにしたりするのも面白いです。

表現の機会を設定

自信はまだちょっとないけど，僕が作ったシートはみんなわかってくれるはず。頑張って発表するぞ！

多田　肇

概要

　知的障害のある児童生徒の中には，思っていることを適切に表現することに難しさを感じているケースがあります。そのことにより，受け身になりやすく主体的な学びに結びつかないこともあります。自ら課題を発見・解決し，自分の考えを形成していくためにも，タブレットの機能であるアクセシビリティや表現方法に効果的なアプリ等を活用し，その児童生徒に応じた表現力や発信力を高めていくことが必要です。

　児童生徒個々に合った表現方法で実際に表現する機会を設定することで，相手を意識してまとめたり，スライドをつくったりと，アウトプットをする学習展開をつくります。人前で自分のことを発表したり，見た人からフィードバックをもらったりする学習展開も効果的です。

活用にあたって（うまくいくコツ）

【発表】

　発表する機会を授業の計画時に設定します。また，発表の型を決めておくと児童生徒は安心感をもって発表できます。

【伝達】

　その子に応じた表現方法を把握します。チームティーチングだと複眼的に様子を捉えやすいです。

　児童生徒が以下の事項ができるとタブレットを使って相手に表現しやすくなります。

- タブレットの画像をテレビに映し出す（ミラーリングする）ことができる。
- タブレットで見せたい箇所をピンチアウトで拡大して表示することができる。
- 2つ以上のものから選択して決めることができる。
- 伝える相手を意識して表現できる。

視覚的即時フィードバック

廣田　拓也

概要

　授業等を振り返る機会に，動画や画像等の視覚情報を効果的に用いながら，**即時フィードバックを行うことで，記憶の新しいうちに，自分の行動を自分の行った事実として振り返ることができます。** 視覚情報は，時間が経過した後に記憶を想起する際にも役立ちます。

　動画と画像において，授業時の児童生徒自身の様子を客観的に示すことができます。学習時の児童生徒自身の様子や，周りの人及び環境を映像で捉えると，客観的に振り返りやすくなります。

　タブレット端末は，アプリによっては過去の学習履歴や自分以外の複数人の学習成果を確認し，即座に提示できる利点をもつものがあります。この利点を生かした振り返り活動等の積み重ねが，自身を客観的に捉える力を

高め，やがて成長へとつながります。情報端末を使った振り返り方自体も身に付けてほしいです。

活用にあたって（うまくいくコツ）

　タブレットは「どこに注目すべきか」の明確化（指差し，拡大，〇印等）をするのに便利です。

　また，動画の場合，リピートして再生すると，特定の人物の動作や発言に繰り返し触れることができます。再生中の一時停止やスライドバーを使った巻き戻し，スローモーションやタイムラプス（低速度撮影）による録画も効果的です。

　画像の場合，複数の画像を1つの画面に並べることで，学習前後の行動の変化や，過去と現在の回答の比較が可能となります。

他の活用場面を設定

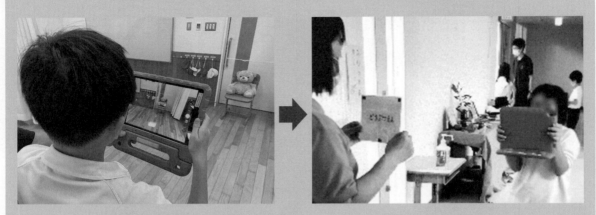

生活科で学んだ写真撮影等のスキルを生かしながら，算数科の学習に取り組む

辻　清美

概要

❶ 教科横断的に取り組む

　学んだことをその場で終わらせず，あえて他の場面でも活用できるように学習単元を教科横断的に配列していきます。1つの授業を起点とし，様々な授業で活用することで，児童生徒自身が知識や技能を身に付け，応用する力が育まれ，定着につながっていきます。

❷ 空間軸と時間軸を意識した学習計画

　学習によって得た知識や技能を他教科や日常生活場面で生かすことで，様々な場面で活用できる実感を，児童生徒自身でもつことができます。また，わかりやすいやり方や伝え方等を継続しながら積み重ねていくことで，定着を促すことができます。空間軸（多様な活用場面）と時間軸を意識した学習計画を行うことで，児童生徒の学びをより確かなものへと導いていくことにつながります。

活用にあたって（うまくいくコツ）

　学んだことを般化しづらい児童生徒には，学んだことを活用する場面を事前に設定，確認することが，学習意欲を高めるきっかけになり得ます。生活科で学んだ「写真を撮る」という技能を，算数科の形を見つける学習で活用したり（第2章6），年賀状の写真撮影の際に活用したり（第2章11）することで，技能が定着するだけでなく，学習活動もより主体的なものになります。情報活用能力を教科横断的に活用する視点でのカリキュラム・マネジメントも面白いです。

　児童生徒が他の場面でも活用しようと試行錯誤する主体的な姿も期待できます。自ら課題意識をもって様々な情報を扱うことで，情報を自分で取捨選択し，自己決定することへとつながりやすくなります。

自己選択・自己決定の場面設定

廣田　拓也

概要

　知的障害のある児童生徒は，自分の意見で選択や判断，決定することが難しい場合があります。その場で見聞きした情報に影響を受けて自分の意見とは異なる選択や決定をしたり，そもそも自分で選択や決定をする経験自体が少ないために表現の方法がわからなかったりすることがあります。**タブレットは，視覚的に選択肢を提示したり，思考や情報を可視化，整理することで，自分で何かを決める手助けにしたりできる便利なツールです。**写真等を手がかりにすることで，選択・決定場面を用意しやすくなります。

　その他，例として以下の授業展開が考えられます。

- アプリや動画等から好きなものを操作して選び，友達に紹介する。
- 作業に必要な動作を並び替えて，手順書やチェックリストを作成し，活用する。
- カメラ機能を使って，目的に合った対象物を撮影し，展示会を行う。
- 発表に必要なデータを選んでプレゼンテーションアプリに貼り付け，スライドを完成させる。集会での発表や校外学習のしおり等に用いる。

活用にあたって（うまくいくコツ）

　自己選択・自己決定の楽しさ，そして「自分の行動によって物事が変わった」実感を味わうことが大切です。それには，自己選択・自己決定の結果を，形や行動といった児童生徒本人がわかる形で返すことが重要になります。また，タブレット端末であれば操作のやり直しが容易であるため，「操作」ではなく，「成功」を目的として学習に向かう姿に期待することができます。

タブレット端末と健康教育

養護教諭　後藤　純子

　令和5年5月より，新型コロナウイルス感染症の感染症法の位置づけが5類感染症に移行となり，少しずつコロナ禍以前の生活に戻りつつあります。コロナ禍で急速に普及が進んだタブレット端末の教育利用は，その利便性や学習効果等からも，今後も改良・改善を重ね，よりよい形で続けられていくことと思います。そのような中，健康教育という視点で大切なこととして，2つ挙げられます。

　1つ目は，視力の低下・姿勢の悪化についてです。このことは本校の家庭を対象に実施したアンケートでも，タブレット端末を使うことによる体への影響を懸念する声が，多く寄せられました。したがって，タブレットを見る際のよい姿勢や画面との距離等について，全校朝会等での発信や，日常生活，保健や情報等の関連教科での指導の継続が必要だと思われます。

　2つ目は，心の健康面に関連して，情報モラルや情報セキュリティに関する指導や使う際の約束事についてです。家庭へのアンケートでは，「本人に任せても大丈夫な線引きや設定が不安」「約束の時間で終わることが難しく喧嘩になる」等，悩んだり危惧したりしている声が多く寄せられました。約束時間を過ぎても使用し，注意をすると癇癪を起こす，という姿は，学校・家庭双方で見られるのではないでしょうか。また，卒業生対象の進路からのアンケートでは，「情報モラル・セキュリティに関して，約束を守ることで安全に使うことができている」に関して，約4分の1の家庭が，"わからない"と回答していました。これらのことからも，在学中から学校や家庭で，約束を一緒に考えたり確認したりしていくことが大切だと考えられます。

　知的障害のある児童生徒たちは，1つのことにこだわりをもち続ける場合や，ネット上の情報の取捨選択やSNS上で（対面の現実でも）この人は"あやしいかも…"といった判別が難しい場合があります。男女交際や性に関する困りごと等の中にはSNSのトラブルに起因して精神状態が不安定になる等のケースもありますが，これはどの学校でも起こりうることではないでしょうか。情報モラル・情報セキュリティに関する指導を，個々の児童生徒の課題やニーズに応じていかに効果的に行うか，そして変化の著しい時代において，卒業後の姿，一歩先を見据えた教育を実践していくことが，これから先は一層求められるのではないかと考えます。

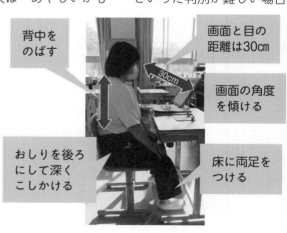

背中をのばす

画面と目の距離は30cm

30cm

画面の角度を傾ける

おしりを後ろにして深くこしかける

床に両足をつける

オンラインの全校朝会で，よい見本を生徒が示した

【参考文献】
● 古里王明（2023）「情報活用能力の視点で見た卒業生の姿から～卒業生ICT機器活用アンケート調査報告～」熊本大学教育学部附属特別支援学校　令和4年度研究紀要　第34集，60-61
● 後藤純子（2022）「GIGAスクール×健康」熊本大学教育学部附属特別支援学校　令和3年度研究報告，57-58

COLUMN

第 2 章

知的障害のある子どもに
情報活用能力を育む
授業実践例

一人一人に応じた
情報機器の基本的操作スキル・情報モラルの向上

基本的操作を丁寧に学ぶ機会	課題解決型・プロジェクト型の学習	「自分のこと」としての課題設定
明確なインプット（実体験含む）	一元化された情報を使う	必然性のある学習(探究の学習プロセス)
言語化（代弁的に経験と知識をつなぐ）	可視化（いつでも参照できる環境）	表現の機会を設定
視覚的即時フィードバック	他の活用場面を設定	自己選択・自己決定の場面設定

上園　宗徳

1 授業づくりのポイント（基本的操作を丁寧に学ぶ機会）

　iPad を中心とした情報機器の基本的操作スキルや，情報を大切に扱うための情報モラルは，各教科等の学習の中で扱うより，時間を特設して，教師も生徒もねらいを明確にした上で，一人一人が丁寧に学習できる時間を設定することが大事です。高等部では，教育課程の中に新しく「情報科」を位置づけ，月2時間の学習機会を設定しました。また，情報科の授業で習得した知識やスキルを，各教科等の学習や生活の中で生徒が自ら情報機器を活用することで発揮し，個々の学びを深めていくとともに，自らの障害による学習上又は生活上の困難さを情報機器の活用により改善・克服できるよう支援を行いました。

Point 1　情報科として学ぶ時間を位置づけ，iPad の基本操作を丁寧に学ぶ時間を設定する。
Point 2　生徒の情報機器操作に関する習熟度に応じた学習内容及び学習集団を編成する。
Point 3　情報科で学んだ基本的スキルを各教科等の学習及び生活へ般化できるようにする。

2 学習を通して育てたい力

- 情報機器の基本操作や情報収集，情報の取り扱い方等を知り，操作したり情報を収集したりする力。【知識・技能】
- 目的を実現させるための手順を考えたり，収集した情報や体験等から見通しをもって操作したりする力。【思考力・判断力・表現力等】
- 情報機器の利便性や情報の大切さに気付き，機器を大切に扱おうとしたり，生活の中で情報を適切に扱おうとしたりする態度。【学びに向かう力・人間性等】

3 授業体制及び学習計画

生徒一人一人の情報機器に関する知識やスキルに幅があるため，習熟度に応じた学習集団を編成しました。また，習熟度別に応じた学習内容及び学習計画を作成して授業実践を行いました。

❶ 情報活用能力に関するアセスメント

文部科学省から出されている「情報活用能力の体系表例」をもとに，生徒一人一人の情報機器に関する実態についてアセスメントを実施し，高等部全体を縦割りで習熟度別の学習集団を編成しました。

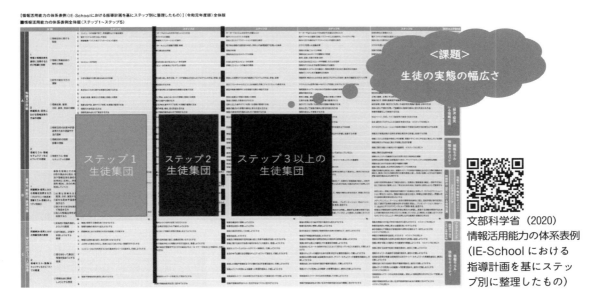

文部科学省（2020）
情報活用能力の体系表例
（IE-School における
指導計画を基にステップ別に整理したもの）

❷ 学習集団の編成

- ステップ1のA集団：情報機器に関する初歩的な名称や操作方法の習得を目指す。
- ステップ2のB集団：アプリの基本的な使い方や操作方法の習得を目指す。
- ステップ3以上のC集団：複数のアプリを用いた応用的な操作方法の習得を目指す。

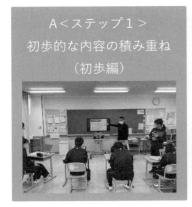

❸ 学習内容・学習計画

一斉	A	B・C	主な学習題材	学習内容
○	○		• iPad 機器の基本操作①	• 各部名称，ボタン操作，ジェスチャー
○	○		• iPad 機器の基本操作②	• 各種設定や設定変更等
○	○		• iPad 機器の基本操作③	• スクリーンショット，フォルダ管理
○			• キーボード操作	• iPad におけるキーボード操作
○			• 情報モラル①	• 情報の取り扱い，情報発信
○	○		• アプリの使い方①	• 「写真」「カメラ」「検索」
○			• アプリの使い方②	• 「ロイロノート・スクール」「Zoom」
○			• アプリの使い方③	• 「Google マップ」「Yahoo！天気」
		○	• アプリの使い方④	• 「Keynote」
		○	• アプリの使い方⑤	• 「iMovie」
		○	• 身の回りの ICT	• 人とコンピュータの関係
		○	• 情報モラル②	• 著作権，肖像権
○			• フォルダ管理	• iPad 内及びクラウドのデータ整理

（学習集団：一斉／A／B・C）

4 用いた教材・アプリ

「写真」「カメラ」「Safari」「ロイロノート・スクール」
「Zoom」「Google マップ」「Yahoo！天気」「Keynote」
「iMovie」

5 指導の様子

❶ 「カメラ」アプリ（A「ステップ1」学習集団）

　基本的な操作スキルの習得において，生徒のペースでより
丁寧に時間をかけて繰り返し学ぶこのグループでは，写真の
撮り方を中心に対象物を変えて操作経験を積み重ねました。
iPad のスイッチの位置の確認からスタートし，iPad のど
こをどの指で持つと安定するのか，シャッターのボタンをど
の指で押すのか等の基本的な操作について学習を繰り返しました。また，写真の対象物に応じ
て，どの角度からどのような姿勢で撮るとよい写真が撮れるのかを実際に写真を撮る経験を通
じて学習しました。撮った写真を大型スクリーンに映して生徒が自ら違いに気付く等の試行錯
誤を繰り返しながら定着を図りました。この学習で学んだスキルを生かし，理科等の観察学習
においても，正面から対象物の写真を撮る姿につながりました。

❷ 「Keynote」アプリ（B「ステップ2」学習集団）

　基本的な操作スキルを習得し，一つ一つの操作や動作にゆっくりと時間をかけて考えるこのグループでは，Keynote アプリを使って自分の趣味について写真や文字を組み合わせたスライドを作成し，互いに発表する学習に取り組みました。スライドの作成手順等，一斉学習で学んだことを再確認し，以前の学習内容を振り返ることで，「思い出した」「そうだった」という生徒の自らの気付きを促し，個々の操作スキルの定着を図りました。また，この学習で学んだ知識やスキルを生かし，社会科等の調べ学習においてスライドに写真や文字を組み合わせて内容をまとめる姿につながりました。

❸ 「iMovie」アプリ（C「ステップ3以上」学習集団）

　基本的な操作スキルを十分に習得しているこのグループでは，生徒が個々に iMovie アプリを使って自分の趣味を紹介する動画を作成し，互いに発表する学習に取り組みました。作成にあたっては，生徒同士で疑問や工夫を学び合う時間を設定して学習を進めました。また，発表の際は，動画作成においてどのような機能やエフェクトを使ったのかを自分で説明したり，相手により伝わるための工夫点などについて質問をしたりして，生徒同士でのスキルの向上を図りました。この学習で学んだ知識・スキルを生かして，現場実習の報告会で発表する動画を自ら編集したり，卒業式で流す思い出動画を編集したりする姿につながりました。

6　まとめ

　知的障害のある児童生徒においては，各教科等の学習の中で操作スキルを高めるより，情報機器の基本的操作スキルの習得に向けて，教師も児童生徒も目標や学習内容を明確にした時間を設けて学習に取り組むことが大切でした。そのためには，学校の教育課程の中にしっかりと特設した時間を位置づけるとともに，他教科等の学習との横断的なつながりを踏まえる等，カリキュラム・マネジメントの視点で考えていくことが必要になります。学習に取り組むにあたっては，一人一人の情報機器に関する知識や操作スキル等の実態についてアセスメントを行い，習熟度別に学習集団を編成するとともに，各学習集団に応じた学習内容を設定し，より丁寧に学習できる環境を整えることが重要でした。また，特設した時間の中で習得した知識やスキルを，各教科等の学習や日常生活の中で，児童生徒が自ら情報機器を文房具のように活用していけるよう，活動の中で自然に情報機器を使う機会を設定することが大切であると考えます。

相手にわかりやすいような発信や伝達をする児童の育成
〜プログラミング学習×教科別の指導（国語）を通して〜

基本的操作を丁寧に学ぶ機会	課題解決型・プロジェクト型の学習	「自分のこと」としての課題設定
明確なインプット（実体験含む）	一元化された情報を使う	必然性のある学習（探究の学習プロセス）
言語化（代弁的に経験と知識をつなぐ）	可視化（いつでも参照できる環境）	表現の機会を設定
視覚的即時フィードバック	他の活用場面を設定	自己選択・自己決定の場面設定

小田　貴史

1 授業づくりのポイント（課題解決型・プロジェクト型の学習）

　タブレット上で自分の好きなようにキャラクターを動かしたり，ロボットを目的地（ゴール）まで導くための道筋を考えたりする等，プログラミング学習の場を設定しました。その中で，単元のめあての達成のために必要な「情報の収集」や「整理・分析」等を行いました（「情報活用能力ベーシック」の活用）。生活科でプログラミングツールに触れることで使い方を学び，そこで得た知識や技能を生かして，国語の授業においてプログラミングツールを活用した実践です。学習の流れの中で，相手に伝えるために，プログラムした内容を言語化する活動を取り入れました。

2 児童の様子と学習を通して育てたい力

　小学５年生男児　IQ：71（WISC −Ⅳ）

❶ 得意なこと〜strong point〜

- ICT機器やプログラミングツールを使った学習への興味・関心が高く，操作方法を比較的容易につかむ。
- 制作活動においては，創造力が豊かで，思いついたことを表現しようとする姿が見られる。

❷ 苦手なこと〜weak point〜

- 順序立てて物事の内容を伝えること。
- じっくりと丁寧に取り組むこと。
- 創造力豊かな反面，活動の趣旨から逸脱してしまう。

❸ 単元を通して育てたい力

- プログラミングツールを活用することで，プログラミング的思考を働かせながら，相手に伝わりやすいような発信や伝達を順序よく説明する力。

3 学習計画

次・教科（配時）	題材名	主な学習内容	学習のねらい
第1期 生活科 （4時間）	「ScratchJr」で遊んでみよう	「ScratchJr」の使い方を知る。	「ScratchJr」で簡単なプログラムを入力してキャラクターを動かせるようになる。
第1期 国語 （5時間）	「説明しよう」	「ScratchJr」でつくったプログラムを友達に伝える。	順序を表す言葉を加えながら，ブロックの順に沿ってわかりやすく伝えることができるようになる。
第2期 生活科 （4時間）	「True True」で遊んでみよう	「True True」の使い方を知る。	「True True」の目的地までのプログラムの仕方がわかる。
第2期 国語 （5時間）	「お話をつくろう」	「True True」の動きに応じた話をつくる。	「True True」の動く道筋に沿って，順序を表す言葉を用いながら，お話をつくることができるようになる。

4 用いた教材・アプリ

❶ ScratchJr（スクラッチジュニア）（https://www.scratchjr.org）

　5歳から7歳を対象としたプログラミング学習用のアプリです。タブレットがあれば無料で利用でき，タッチ操作だけでプログラミングの基礎を学ぶことができます。ScratchJr は全世界の教育現場でプログラミング教材として取り入れられていて，Scratch（スクラッチ）を簡略化したものです。ScratchJr は，キャラクターに動きをプログラムするためのコーディングブロックを並べプログラミングを行っていきます。ブロック遊びのような感覚で，プログラミングを学ぶことができます。

❷ True True（トゥルートゥルー）（ケニス株式会社）

　パソコンがなくてもカードの指示を読み込ませてプログラミングできる手のひらサイズの小型ロボットです。教室の机の上でも動かせるサイズです。True True はロボットの口に「前に進め」「右に曲がれ」等の指示カードを差し込んだ順に動きます。また，ロボットの下部には色を読み取るセンサーがあり，方眼状の道の上に貼られた色シールの上を通過することで，

その色に応じて（黄色：左に曲がる，ピンク：右に曲がる，赤：止まる等）指示通りに動かすことができます。

 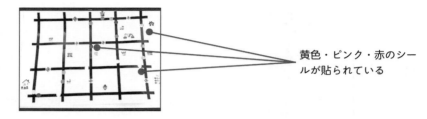

黄色・ピンク・赤のシールが貼られている

❸ ロイロノート・スクール

すべての授業で使える「思考力」「プレゼン力」等を育てる授業支援クラウドです。特別支援教育においても，言語やコミュニケーション，読み書き，計算や数学，視覚等の支援に活用できます。

5 指導の様子

❶ 第1期「ScratchJr」

【生活科】

当初は，思慮なくいろいろな動きのコーディングブロックを入れて，キャラクターが奇妙な動きをすることを楽しんでいました。そこで，「ゲームをつくりたい」という本児の希望に沿い，簡単なゲーム（向かってくる物体を避けるゲーム）の作成に取り組みました。ゲームを完成させたいため，教師の説明をよく聞いたり，実際のコーディングブロックの配置をよく見たりして取り組む姿が見られました。結果，コーディングブロックの意味（動き）を概ね理解することができました。

【国語】

見たままのキャラクターの動きを「ジャンプ　まわる　こっち」等の本児独自の表現で伝えようとするので，相手には伝わりづらいところがありました。そこで，コーディングブロックの意味を言語化し，順序を表す言葉を使うようにしたところ，相手に伝わりやすくなりました。また，最初は順序を表す言葉を使う中で「つぎに」という言葉を繰り返してつなげていたのが，「5マスジャンプして，3回回って，3マス右に進む」のようにいくつかのコーディングブロ

ックの意味をまとめてロイロノート上で表現するようになりました。

❷ 第2期「True True」

【生活科】

「True True」に児童たちで考えた「つるりん」という名前をつけました。「つるりん」に左右の動きを指示するための色の意味はすぐに理解できましたが，児童自身から眺めた「つるりん」のマップ上の動きと，「つるりん」の視点での左右の捉えがずれ，間違う場面が見られました。そこで，模型を動かしてみながらマップ上の動きを考えるようにしたところ，「つるりん」の視点で左右を捉えるポイントに気付くことができるようになりました。

【国語】

店等が配置された街を模したマップを使い，目的地まで「つるりん」が移動する道筋に沿った話づくりに取り組みました。当初は，マップ上に配置された店等を多く回ったり複雑な動きをさせようとしたりしてプログラムや説明がうまくいかないこともありました。そこで，「つるりん」が目的地までスムーズに動くための視点で考えるようにしたところ，次第にマップ上で立ち寄りやすい店等を見つけ，その流れに沿った内容の話を考えることができるようになりました。順序を表す言葉を適切に用いながら，話をつくることもできました。

6 まとめ

プログラミングツールを活用したことで，順序立てて物事を考えやすくなり，相手に伝わりやすいような説明ができるようになってきました。

情報活用能力ベーシックの授業展開に，プログラミングツールを教材として活用したことは，課題設定がしやすく，課題解決に向けた意欲を喚起させるのに有効でした。また，生活科（情報）の時間にプログラミングツールの扱い方を学んだことで，そこで得た知識を活用しながら国語の学習における課題解決につながりました。そして，相手に自分の伝えたこと（プログラム）を再現する場面を設けたことは，自らの伝え方が相手にわかりやすかったのかどうかを振り返るきっかけとなりました。

本実践場面以外でも，図工の学習において作品の作成手順を，順序を表す言葉を用いて発表しようとしたり，修学旅行の振り返りの際に順序を表す言葉を用いて振り返りの作文を書いたりする姿が見られました。また，休み時間にもプログラミングツールを楽しんだり，試行錯誤や創意工夫をしながら遊びや工作等に取り組んだりする姿が見られました。

自ら試行錯誤しながら課題解決をしていく過程を経ることで主体性が育まれ，自信が生まれ課題に向かう力を身に付けていくことになるのではないかと感じました。

情報を整理して生活に生かすための「日常生活の指導」

基本的操作を丁寧に学ぶ機会	課題解決型・プロジェクト型の学習	**「自分のこと」としての課題設定**
明確なインプット（実体験含む）	一元化された情報を使う	必然性のある学習（探究の学習プロセス）
言語化（代弁的に経験と知識をつなぐ）	**可視化（いつでも参照できる環境）**	**表現の機会を設定**
視覚的即時フィードバック	他の活用場面を設定	自己選択・自己決定の場面設定

植田　青士

1　授業づくりのポイント（「自分のこと」としての課題設定）

　「忘れ物を減らす」という生徒自身のことを課題として設定したことで，「自分のこと」として考えやすくなります。持ち物をイラストや写真と文字でカード化すると，教室の自分のロッカーにある持ち物の状況と照らし合わせて「ある」「ない」に分類しやすくなり，改善しようと意識が高まります。ロッカーに「ある」「ない」という観点で持ち物を捉えることができるようになります。

2　生徒の様子と学習を通して育てたい力

❶ 生徒について

　タブレットが好きで，扱い慣れています。学校の準備や片付け等は，自分で行っていますが，片付けや整理が苦手で忘れ物が多く，必要のない量を大きなカバンに詰めて持ってくることがあります。持ち物の整理の仕方がわからなかったり，順序立てて考えたり比較したりする経験が不足していたりする面もあります。また，間違いや失敗を指摘されたり，注意を受けたりすることが苦手ですが，徐々にアドバイスを受け入れることができるようになってきています。

❷ 育てたい力

- 持ち物を「ロッカーに『ある』『ない』」という観点をもって整理し，分類する力。
- 分類した情報をもとに，「ロッカーにない」ものを自宅で用意し，忘れずに持参する力。
- 観点をもって情報を整理する方法を他の場面に生かす力。

3 学習計画

【日常生活の指導】

月	主な学習内容	学習のねらい
9月～ 12月～	• 荷物を「ある」「ない」の２つに分類する。 • 「ある」場合は，持ってこなくてよいこと，「ない」場合は，翌日持ってくることを確認する。	• 「ある」「ない」に分類することで，持ってくるものと持ってこなくてよいものの理解へとつなげていく。

【国語】

月	主な学習内容	学習のねらい
9月	• ひらがなで書く言葉か，カタカナで書く言葉か考えロイロノート上で分類する。	• 観点をもって考える力の育成へとつなげていく。
10月	• 言葉を分類したり，分類した言葉のグループに名前をつけたりする学習をロイロノート上で行う。	• 分類する活動を繰り返し行うことで，情報を整理する方法を身に付けることへとつなげていく。
11月		

4 用いた教材・アプリ

①荷物分類シート（図１）
②確認カード（図２）
③ロイロノート・スクール

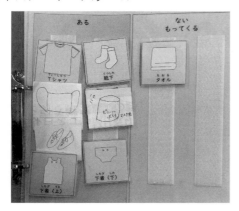

図1

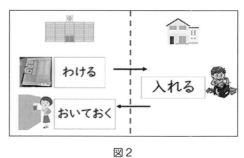

図2

5 指導の様子

❶ 日常生活の指導

① 指導前

　2年生になり，4月は2回，7月は4回忘れ物がありました。4月上旬に汗をかいて着替えたいが予備を持ってきていないことがありました。着替えがないと気付いてから怒り出してしまったため，保護者に持ち物の確認をお願いしました。

② 指導初期（9月）

　帰る前にロッカーの中を見ながら，持ち物の写真カードを「ある」「ない」に分類しました。家に持ち帰った分類表を見ながら，「ない」に分類したものをバッグに準備するようにしました。国語の学習場面で物事を2つに分類する学習を積み重ねていたため，すぐにやり方を理解できました。指示されることが得意ではないですが，この活動は嫌がりませんでした。ただ，「ある」「ない」に分類する行動自体を忘れることがあるため，毎日の声かけは必要でした。

③ 指導中期（10月〜11月）

　「ある」「ない」の分類に繰り返し取り組むうちに，着替えやタオルなどの忘れ物が徐々に減ってきました（11月は0回）。帰りの支度時に分類することが定着してきたことで，声かけをすること自体も減っていきました。忘れ物は減ってきましたが，ロッカーに保管するために持参したものをそのまま持ち帰る様子があったので，教師が様子を見ながらその都度保管しているか確認することが必要だとわかりました。

④ 指導後期（12月〜）

　持ってきたものをロッカーに保管し忘れないように，持ち物の確認カード（図2）を使って確認するようにしました。「『おいておく（確認カードの通称）』は終わった？」のようにキーワードで伝えても，保管をし忘れていることに気付くことができ，荷物を整理し保管をし忘れることがなくなっていきました。

　加えて，帰宅後の気分や疲労度によって，準備しないことがありました。そこで学校にいるうちに，帰ってから行うことの順番をロイロノート上で考える活動を適宜行うことにしました。

❷ 国語での指導

　写真を見てひらがなで書くかカタカナで書くかを考え，ロイロノート上で分類する学習に取り組み，その後にカタカナの書き取りを行いました。この学習を行ってから，カタカナで書く言葉なのかどうかを意識する場面が増えました。

　また，言葉を分類したり，分類した言葉のグループに名前をつけたりする学習では，仲間分けをすること自体は他の教科の授業で経験していたためスムーズにできました。さらに，「イラストや写真を分類する問題」と「言葉を分類する問題」を実施しました。言葉を分類する問

題は語彙力にかかわるところがあるため，知らない言葉があるとそこで「もうわからん」と諦めていました。そこでわからなかった言葉を教師がタブレットで検索して写真を提示して確認しました。「途中までできていたね」と言葉をかけると，やり直して提出できました。毎回，完璧ではないものの自分がわかる範囲で言葉を分類することができました。ロイロノートは再提出（やり直し）が簡単にできるため，難しくても意欲をもって取り組むことができました。

6 まとめ

❶ 結果

　自分の持ち物という情報を整理する方法がわかり，持ってくるものを理解できるようになり忘れ物が減りました。

　教科での学習を通して「観点を考えて分類する」経験を積み，考え方を学ぶことができました。

❷ 考察

【日常生活の指導で分類して整理したことについて】

- これまで頭の中だけで考えたり思い出したりしていた持ち物に関する情報を，カードにして整理した。情報を可視化し，これまで学習場面で行ってきた方法と同様の方法で情報を分類したことで，よりよく情報の整理ができ，忘れ物が減っていった。また，「このようにすると身の回りを整理できる」ことを感じて実践し，情報の整理方法の１つを学ぶことができた。
- 日常生活の指導は，基本的な日常生活の諸活動の習慣化を目指して取り組んでいる。毎日教師からの支援を受けて活動を繰り返すのではなく，自分が取り組むべきこととして主体的に活動することで，意欲が高まっている様子が感じられた。日常生活の諸活動を情報として捉え，自分で分類したり順序立てたりして整理することは日常生活の指導の場面でも有効だと考える。

【教科で分類を行ったことについて】

- ある観点で物事を分類する活動を様々な教科で行ったことで，情報の整理方法の中の分類の方法が身に付いた。このことはロイロノート使用による効果が大きい。生徒にとってはタブレット上の操作で試行錯誤を繰り返すことができ，思考過程を可視化できるため，生徒自信で考えたことを整理することができ，教師もその過程を評価し次の支援へとつなげることができたと考える。

理科の学習における情報活用能力の育成
～整理・比較に焦点を当てて～

4

基本的操作を丁寧に学ぶ機会	課題解決型・プロジェクト型の学習	「自分のこと」としての課題設定
明確なインプット（実体験含む）	一元化された情報を使う	必然性のある学習（探究の学習プロセス）
言語化（代弁的に経験と知識をつなぐ）	可視化（いつでも参照できる環境）	表現の機会を設定
視覚的即時フィードバック	他の活用場面を設定	自己選択・自己決定の場面設定

佐々木竜太

1 授業づくりのポイント（明確なインプット（実体験含む））

　理科は，本やインターネット等から結果を得るものではなく，生徒自らが実験や活動を通して結果を生み出すことのできる教科です。生み出した結果を情報として整理・比較し，表現するには，情報をタブレット等で静止画や動画にして客観的に捉えられるようにすると効果的です。

2 生徒の様子と学習を通して育てたい力

❶ 生徒について

　本校の中学部には，18人の生徒が在籍しています。理科の学習に意欲的に取り組む生徒が多いです。タブレットを活用したまとめや振り返りの活動の経験があります。タブレットで写真や動画を撮ったり見たりすることはできますが，写真を見比べて差異点や共通点を見出すことは難しいです。具体物を見比べる際も色や形等の視覚的にわかりやすい観点に着目することが多く，他の観点をもって情報を捉えることが難しい姿をよく目にします。また，生徒の理解度，生活経験，説明力（語彙力）の個人差も大きいという特徴があります。

❷ 育てたい力，情報を整理・比較する力

　特別支援学校学習指導要領中学部理科では，「理科の見方・考え方」について，「生徒が問題解決の過程で自然の事物・現象を比較することで，共通点や差異点を見出すこと」が述べられています。今回の理科の実践では，生徒の実態をもとに，「理科の目標を達成し，タブレットを用いて実験結果を考察したり，まとめたりする活動を通して情報を整理・比較することができるようになるのではないか」と考えました。

3 学習計画

月	主な学習内容	学習のねらい
6月	第1期 「実験してみよう調べてみよう【電気の通り道】」 ・豆電球と乾電池をつなぐ実験をする。 ・豆電球が点いた写真と点かなかった写真を比較し，差異点や共通点を考える。 ・電気を通すものと通さないものを予想し，実験をして調べる。 ・電気を通すものと通さないものを整理・比較する。 ・ロイロノートにまとめて，全体で共有し，振り返りをする。	・実験結果の写真を比較しながら，それぞれの差異点や共通点を考えるようつなげていく。 ・予想したこと，実験結果，比較したこと，振り返り等をロイロノートにまとめて，学習の定着を図る。
9月	第2期 「実験してみよう調べてみよう【風の力】」 ・風の強弱による違いを体感しよう。 ・風の強弱によるウィンドカーの動く距離を調べよう。 ・実験結果を整理・比較し，全体で共有しよう。 ・ウィンドカーの帆の形や大きさを変えて，確かめよう。	・（第1期の反省を生かし）タブレットで実験結果の撮影をする際のルールを決め，比較する際に着目する観点がわかりやすいようにする。

4 用いた教材・アプリ

❶ シンプルに操作できる電気回路の教材

　豆電球や乾電池にマグネットが貼り付けてあり，ホワイトボード上で位置や向き等を容易に操作することができます。また，導線の先端にマグネットがついており，乾電池のどの部分にも導線をくっつけたり，はずしたりする作業を容易に行うことができます。

❷ ウィンドカーと送風機

　市販されている理科の教材キットを使用しました。厚紙でできた帆に風を当てて動く教材です。他にもゴムを用いて動かすこともできます。風を当てるために送風機を用いました。

❸ ウィンドカーが進んだ距離の違いに着目できる教材

　風の強弱によりウィンドカーが進んだ距離を色の違いで着目できるように作成しました。今回の実験は4枚の模造紙を並べてテープで貼り付けました。また，ウィンドカーのスタートの場所がわかるようにウィンドカーの写真を貼り付けました。

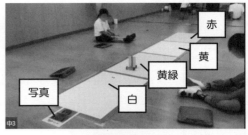

❹ ロイロノート・スクール

　実験結果を比較し，整理するためにロイロノートのシートを工夫しました。「止まった場所」を観点にして比較する際は，止まった場所をシートにまとめて比較したり，ロイロノート上でウィンドカーを操作して，実験の現象を関連づけたりできるようにしました。

5 指導の様子

❶ 第1期【電気の通り道】

　操作がしやすくシンプルな教材を用いたため，多くの生徒が実験できました。試行錯誤しながらつなぎ方を試す中で，豆電球が点いた時は生徒も嬉しそうな表情を見せていました。はじめは，豆電球が点くつなぎ方を調べる生徒が多かったのですが，徐々に点かないつなぎ方を調べるようになっていました。また，導線をつなぐ乾電池の箇所を少しずつ動かしながら豆電球が点かない位置と点く位置の境界を熱心に調べている生徒もいました。自分自身で試すことで，経験で生み出した結果が情報として明確にインプットされていきました。

　試したつなぎ方の一つ一つをタブレットで写真に撮り，撮った写真を印刷して「点く／点かない」に分類して比較する際，比較する写真が多くなりすぎて，生徒がどこに着目するとよいのか見失ってしまいました。また，タブレットで写真を撮る際のルールを定めていなかったので，写真の向きにばらつきが生じてしまいました。これらの反省をもとに第2期の実践を行いました。

❷ 第2期【風の力】

ウィンドカーが止まった場所の色を比較することで，「弱い時は黄緑，強い時は赤」等の色の違いに着目して，距離の違いを比較できている様子が見られました。また，ウィンドカーが進んだ距離と同じ長さのスズランテープを切り，それらを並べて比較しました。スズランテープの長さを比較することで，「距離」の概念の理解や，色の違いから距離の違いへと関連づけが難しかった生徒が，「長い」「短い」の言葉やジェスチャーで表現する姿が見られました。

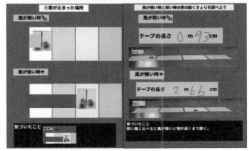

実験結果の写真をロイロノート上で整理・比較する際，実験の事象と写真の関連づけが難しい生徒がいたので，ロイロノート上でウィンドカーの画像を指で動かして実験を再現したり，スズランテープを再度見比べて風の強弱による長さの違いを教師と一緒に確認したりしました。ロイロノートのシートに貼り付ける写真の配置や文字の大きさ，カードの色等，比べやすさ，わかりやすさ等の視点で工夫できている生徒も見られました。

6 まとめ

第1期【電気の通り道】での成果として，「電気」，「電気回路」等の言葉の意味理解や電気回路で導線を操作することが困難な生徒に対して，シンプルに操作できる電気回路の教材を用いることで，実験に主体的に参加できるようになりました。自らの体験がベースとなるため，体験にまつわる様々な情報の収集ができた一方で，タブレットで写真を撮る際に，写真の向きや対象物の大きさ等が均一ではなかったり，比較する写真の量が多かったりして，整理・比較が困難であったことが課題でした。第1期の課題を生かして取り組んだ第2期【風の力】の成果は，比較する観点をわかりやすくインプットする工夫として，ウィンドカーの進んだ距離をウィンドカーが止まった場所の色の違いやスズランテープの長さを比べることにより，生徒は実験の事象を自分で得た情報として捉えやすくなり，ロイロノートにまとめることができたことです。インプットする情報が明確になったことで，「風の強弱の違いをどう伝えればいいかわからない」といった生徒もロイロノートを用いて情報を視覚的に操作したり，実験結果の写真やカードの配置や大きさ等を工夫しながらまとめることができました。

【参考文献】
・渡邉重義・植田青士・佐々木竜太・立山裕美・上中博美・上羽奈津美・多田肇・後藤匡敬・赤﨑真琴（2023）特別支援学校における理科学習の活性化を図る電気回路の教材開発と授業実践，熊本大学教育実践研究，40，39-46

学んだことを生かして情報発信する生徒

基本的操作を丁寧に学ぶ機会	課題解決型・プロジェクト型の学習	「自分のこと」としての課題設定
明確なインプット（実体験含む）	一元化された情報を使う	必然性のある学習(探究の学習プロセス)
言語化（代弁的に経験と知識をつなぐ）	可視化（いつでも参照できる環境）	表現の機会を設定
視覚的即時フィードバック	他の活用場面を設定	自己選択・自己決定の場面設定

多田　肇

1 授業づくりのポイント（一元化された情報を使う）

　自ら情報を得るには，見たり聞いたり調べたりと様々な方法があります。また，得た情報を発信する際には，言葉だけでなく，文字や写真，ジェスチャー等を使うことがあります。ただ，知的障害のある児童生徒は，情報を得たり発信したりする際の方法が散在していることで情報の整理をうまくできず，適切な情報収集・発信に至らないことがあります。

　そこで，本実践では「一元化された情報」を中心として，タブレットの基本的操作を学びながら，生徒が主体的に情報の収集から発信に至るまでを1人で行うことができるようになることを目指して取り組みました。

2 生徒の様子と学習を通して育てたい力

❶ 生徒について

　中学部1年の男子生徒Tさん（IQ50程度）を対象としました。中学部入学時は発語が不明瞭で，教師が何度か言葉を聞き返すことがありました。語彙数が少ないこともあり，自分の気持ちや考えをたくさん伝えたいけれども，言葉として表現しづらく，頭の中で情報を整理することにも苦手意識をもっており，情緒不安定になる姿が度々見られました。また，未学習，未経験のことに取り組むことが苦手で，学習に向かう姿勢が消極的になりがちでした。

　一方で，教師からの言語指示は大体理解しており，文字や視覚的な情報で伝えることでより理解が深まり，行動につなげることができていました。また，厚紙や牛乳パックを素材として，ハサミやセロテープ等を使って好きな電車の模型を作る等，興味・関心があることに対しては意欲的に取り組もう，学ぼうとする姿が多く見られました。

❷ 育てたい力

- タブレットを情報の収集や整理，発信をするための補助ツールや文房具として扱うことができるよう，タブレットの基本的操作スキルを高める。
- 伝えたい相手に適切に情報を発信できる力を高める。
- 表現活動を通して，自己肯定感を高める。
- 自分の表現活動を振り返り，改善につなげようとする。

3 実践の経過（3年間）

　本実践は，3年間の取組です。職業・家庭科「情報」の授業を軸として，そこで学んだことを日常生活の指導や家庭での余暇生活につなげていきました。

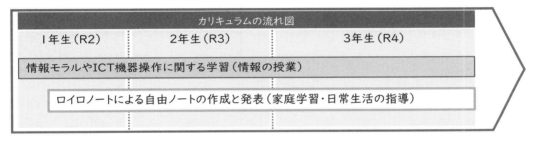

4 用いた教材・アプリ

- 「カメラ」
- 「Safari」
- 「ロイロノート・スクール」
- 「PowerPoint」

5 指導の様子

❶ 職業・家庭科（職業分野）「情報モラルや ICT 機器操作に関する学習」

　年間9回，「情報」の授業を設定し，個人情報やタブレットの使用時間等，情報モラルについて身近な生活に起こり得る状況を動画等を活用しながら学習を実施しました。1年目は，1人1台タブレットに備えて，まずは情報モラルに関しての授業を数回行い，特に SNS や YouTube，ネットやアプリでのゲーム等，情報機器との適切なかかわり方について重点的に指導しました。また，親子 ICT 教室を開き，授業で中心に扱うロイロノートや Zoom などの操作方法などを学ぶ機会としました。この親子 ICT 教室をきっかけとして，T さんは家庭で

保護者と一緒に写真や動画，インターネットで検索した情報等をロイロノートでまとめることができるようになり，後の絵日記（自由ノート）の活用につながりました。2，3年目は年間9回の授業を計画し，1年目に継続して情報モラル，そして2年目からはタブレットの基本的操作スキルの獲得をねらって，「iPadミッションズ（図1）」という授業を実施しました。「iPadミッションズ」では，例えば，教師の説明を聞きながら，ホーム画面をスクロールしてアプリを探すことが1人でできたら3つ星，教師と一緒にできたら2つ星を塗るなどし，毎回の授業で数項目ずつ拾い出して取り組んでいきました。Tさんは，操作しながら覚えることが得意で，2年時の終わりには「iPadミッションズ」はすべて3つ星になりました。そのスキルを活用して，情報の整理の仕方も一段と上達しました。

図1　iPad ミッションズ（一部抜粋）
https：//musashi.educ.kumamoto-u.ac.jp/11001-2/

❷ ロイロノートによる自由ノートの作成と発表

　家庭での余暇活動について，ロイロノートで日記にまとめ，朝の会で発表するようにしました。Tさんは，休日に近所の公園に遊びに行ったり，好きな電車を眺めたりするのが好きで，学校ではそのことをどうにかして伝えようとする様子が見られました。そこで，家庭での余暇活動や家のお手伝い等について，情報の授業で学んだロイロノートを活用し，撮影した写真や動画をロイロノートに貼り付け，学級の友達に向けた紹介文や感想等を絵日記のような形で作成してくるようにしました。取組当初は保護者にも承諾を得て，保護者と一緒に作成するようにしました。作成してきた絵日記（自由ノート）について，学級の友達に紹介する時間を朝の会の中に設定したところ，自分の体験を友達や教師に認められる嬉しさを感じ，毎週意欲的に作成して発表していました。

　2年目以降は，発表で終わるのではなく，作成した文章を適

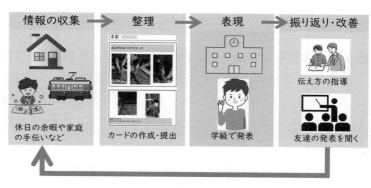

図2

切な表現に訂正したり，写真や動画だけでなく，友達の発表を聞いたりして，より適切に相手に伝わるように繰り返し指導していきました（図2）。

❸ 自ら情報を整理し，自信をもって発表

「情報」の授業で学んだロイロノートによる自由ノートを中心として活用する場面を他教科でも設定していきました。「一元化」という言葉は知らなくとも，写真や動画，収集したインターネットの情報などをロイロノートという「引き出し」からいつでも取り出せることを体験的に学んだＴさんは，自分が伝えたいことや学んだことをロイロノートで整理して適切に伝えることができるようになりました。また，ロイロノート以外のアプリにおいても，自分が収集した情報の場所を把握しており，タブレットを文房具として活用できるようになり，昼休みにはタブレットで伝えたいことを整理し，それを持って他学部の友達のところへ話しに行ったり，家庭でも学校であったことをタブレットを見せながら保護者に伝えたりする姿が多く見られるようになりました。

6 まとめ

知的障害のある児童生徒にとっては，タブレットを活用して一元化された情報を扱うことで，情報を整理しやすくなり，主体的に情報を発信する姿につながることが本実践で明らかとなりました。ただ，一元化された情報をどの場面で活用するのか，児童生徒の興味・関心に沿って活用したくなる場面設定が教師側には求められます。また，タブレットの基本的な操作を身に付けておく必要があるため，年間の指導計画に基づき，楽しみながら操作方法を覚えていく，そして他の場面で使ってみるという工夫が大切です。

情報活用能力で貫く算数の授業づくり

6

基本的操作を丁寧に学ぶ機会	課題解決型・プロジェクト型の学習	「自分のこと」としての課題設定
明確なインプット（実体験含む）	一元化された情報を使う	必然性のある学習（探究の学習プロセス）
言語化（代弁的に経験と知識をつなぐ）	可視化（いつでも参照できる環境）	表現の機会を設定
視覚的即時フィードバック	他の活用場面を設定	自己選択・自己決定の場面設定

田中美由紀

1 授業づくりのポイント（必然性のある学習（探究の学習プロセス））

〈情報活用能力ベーシック〉

| ①課題の設定 | ②情報の収集 | ③整理・分析 | ④まとめ・表現 | ⑤振り返り・改善 |

　情報活用能力を育成，発揮しながら必然性のある学習（探究の学習プロセス）を進めていけるよう，「情報活用能力ベーシック」をもとに授業づくりを行いました。その際，最初の項目である「課題の設定」では，これから何をするのか，何を学んでいくのかということを児童自身がわかるものを選定しました。

2 児童の様子と学習を通して育てたい力

❶ グループの実態

　本校小学部の国語・算数は，1，2年生で1グループ，3年生以上は児童の習熟度別に縦割りで3つのグループに分かれています。本実践を行ったグループは3年生〜6年生の6人で，主に小学部2段階を学習しています。簡単な言葉の指示で行動したり，やりとりしたりすることができ，繰り返し取り組んでいくことで，少しずつ理解する様子が見られます。しかし，語彙力や読解力，数や計算，概念理解など，国語・算数の実態差がとても大きく，集中力にも差があるため，注目の継続が難しいところがあります。

❷ 単元でねらう情報活用能力

• **観点**をもとに，情報を収集・整理・比較する力。
• 思考の過程や判断の根拠等を表現する力。

3 学習計画

算数科　単元名「かたちをみつけよう」

[単元目標]

〈知識及び技能〉

・「丸」「三角」「四角」という名称を知る。

・形に着目して「丸」「三角」「四角」を探すことができる。

〈思考力，判断力，表現力等〉

・「丸」「三角」「四角」を考えながら，形を分けたり集めたりすることができる。

・自分が見つけた形について，形の特徴や自分の考え等を他者に伝えることができる。

〈学びに向かう力，人間性等〉

・身の回りにあるものの形に関心をもち，意欲的に形を探したり，見つけた形を分けたり集めたりしようとする。

次（配時）	主な学習内容	学習のねらい
1次 （1時間）	①課題の設定 「まるちゃん，さんかくん，しかくんからのお願い」	・丸，三角，四角の名称を知る。 ・学習の見通しをもつ。
2次 （3時間） 丸，三角，四角を1時間ずつ	②情報の収集　③整理・分析 「形を見つけよう」 ④まとめ・表現 「見つけた形を発表しよう」	・3グループに分かれ，各教室の中から丸，三角，四角の形を見つけてタブレットで写真を撮る。 ・1人1枚写真を選び，全体の前で発表する。
3次 （1時間）	⑤振り返り・改善 「まるちゃん，さんかくん，しかくんの洋服に模様をつけよう」	・見つけたすべての形の写真を分類し，それぞれのキャラクターに貼る。

4 用いた教材・アプリ

「ロイロノート・スクール」「写真」
「カメラ」「マークアップ機能」
YouTube「しかくさんかくまる | Shape Monsters | すうじのうた | ピンキッツ童謡」(https://www.youtube.com/watch?v =2yXdmA0_Jwk)

形の見本

キャラクター

5 指導の様子

❶ 課題の設定

　「まるちゃん，さんかくん，しかくんからのお願い」では，最初にキャラクターを登場させると，児童たちは驚きと期待感をもった表情を見せ歓声を上げました。お願いは「僕たちの形をたくさん集めて，服に模様をつけてほしい」であることを伝え，最初は例として，教室の中で丸を探すようにしました。児童たちは時計やボールを見つけ，その写真を「まるちゃん」に貼ると，「模様になった！」と喜び，他にはないか意欲的に丸の形を探し始めました。「さんかくん」（三角），「しかくん」（四角）にも形の模様をつける（＝これから何をするのか）ということを児童たちは理解したようで，「課題の設定」と「ゴール」がつながっていきました。また，初回から，形の特徴が歌詞に入った曲の動画を繰り返し流し，形のイメージと特徴が自然と印象に残るようにしました。児童たちはすぐに歌詞を覚え，楽しそうに歌っていました。

❷ 情報の収集，整理・分析

　「形を見つけよう」では，3グループに分かれ，それぞれ指定された場所内で「丸，三角，四角」を探し，見つけた形をタブレットで撮影しました。様々な形の中から「これは丸，三角，四角だ」と見つけるためには，「観点」をもとに判断することが必要であると考えます。本単元における「観点」を「丸，三角，四角の名称や特徴」と捉え，その「観点」を押さえる手がかりとして，一人一人形の見本を用意しました。児童たちは，実物の形と見本を照らし合わせて比べたり，見本を貼って確認したりしていました。教師は「どうして四角だと思った？」等と問いかけ，児童たちの思考を引き出すようにしました。実物の机の周りを指でなぞったり，ロイロノートの「ペンツール機能（手描き）」を使い，撮った写真の周りをなぞって線を書いたりし（右下の図：ホワイトボードを撮影），四角だと思った理由を表現していました。その表現に，教師は言葉を添えたり言語化したりしながら，児童たちの思考がまとまっていくようにしました。

❸ まとめ・表現

　「見つけた形を発表しよう」では，自分が撮った写真の中から1枚選び，一人一人教室の前方に立って発表をしました。写真は全員で共有できるよう，タブレットをミラーリングし，電子黒板に映しました。発表の際は，なぜその形が「丸，三角，四角」と思ったのか，理由や考えを表現するようにしました。児童たちは，形を見つけた時と同じように，電子黒板に映った写真と見本を照らし合わせたり，タブレット上で写真の輪郭をなぞり線を書いたりしました。また，形の辺を順番に指しながら「1，2，3…で三角です」等と，言葉で伝える児童もいました。

❹ 振り返り・改善

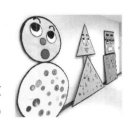

　「まるちゃん，さんかくん，しかくんの洋服に模様をつけよう」では，児童たちが見つけたすべての形（写真約80枚）を全員で分類し，キャラクターに貼りました。また，学習後も目にしたり追加したりできるよう，教室前の廊下に掲示しました。高さが2.3m あり，インパクトを与えるこの大きさもこだわった１つです。学習後もキャラクターを見て，形の名称を言ったり，見つけた形の写真を見て「これは図書室にあったね」と振り返ったり，毎日キャラクターに挨拶をしたりする児童もいました。

6　まとめ

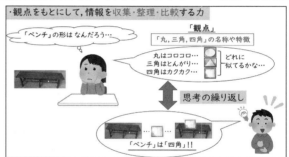

　②「情報の収集」③「整理・分析」において，「ベンチの形は何だろう（右図）」と思った時，「丸，三角，四角の名称や特徴」という本単元の「観点」をもとに「どれに似てるかな」と情報を収集・整理・比較し，そして「ベンチは四角」という答えが出ると思われます。この思考を繰り返すことで，少しずつ「観点」が確かなものになり，概念や知識を身に付けていくと考えます。知的障害のある児童たちにとって，概念や知識を習得したり活用したりするためには，このような思考を繰り返す学習活動の積み重ねが重要です。また，前単元「なかまあつめ」の学習で，色や形，大きさなど，いろいろな属性の中から１つの属性に着目して仲間を集めるということを，児童たちは学んでいたため，本単元に入っても，様々な形の中から，丸，三角，四角という１つの形に着目しようとする意識ができていました。１つの単元だけではなく，いくつかの単元，他教科等の学習が合わさって，更なる学びにつながったと感じます。形を見つける活動を繰り返しながら，少しずつ「これは丸，三角，四角」と，自信をもって見つけられるようになり，見つけるに至ったその思考がそのまま根拠となり，理由を伝える表現力につながったと考えます。

　本単元において，何を「観点」とするのか，児童たちがその「観点」をもてるようにする方法は何か検討を重ね，教材や取り組み方，支援方法等，その都度担当者で共通理解を図り，グループ活動時も同じ視点をもって臨むことができました。今後も，児童たちが思考を繰り返しながら，いろいろな学習活動を積み重ねていけるよう取り組んでいきたいと思います。

「整理・比較」することで見えた
課題解決への道筋とその取組

基本的操作を丁寧に学ぶ機会	課題解決型・プロジェクト型の学習	「自分のこと」としての課題設定
明確なインプット（実体験含む）	一元化された情報を使う	必然性のある学習(探究の学習プロセス)
言語化（代弁的に経験と知識をつなぐ）	可視化（いつでも参照できる環境）	**表現の機会を設定**
視覚的即時フィードバック	他の活用場面を設定	自己選択・自己決定の場面設定

立山　裕美

1 授業づくりのポイント（言語化（代弁的に経験と知識をつなぐ））

　学習活動のまとめや振り返りを行う際，学んだことを言語で表現することが多いです。

　理科の学習において，実験を行動で表現したり，結果を写真に撮ってまとめたり比較したりすることはできますが，その事実や比較した内容を言葉で表現することが難しい場面が見られました。その理由として，生徒自身がもつ語彙の少なさや，言葉を知っていてもそれを整理して，うまく表出できないこと等が挙げられます。そのような場合，生徒たちの行動や現象を踏まえて教師が代弁して言語化したり，生徒との対話を通して考えを整理する道筋を立てたりすることで，経験と知識をつないでいきます。

2 生徒の様子と学習を通して育てたい力

❶ 生徒の実態

　中学部より本校に入学したダウン症候群（重度知的障害判定）の生徒です。

　学習面では，小学校在籍時も iPad を操作する機会はあり，基本的な操作は概ね可能で，意欲的です。会話については，発音の不明瞭さはありますが，友達や教師とかかわることは好きで，簡単な会話をすることができます。しかし，話す言葉と書く言葉が一致しないことが多いです。また，発表場面では，どんな問いにもとりあえず挙手をして，指名されると「わからない」と答えることが度々あります。

　生活面では，物事の優先順位をつけることが難しく，自分のやりたいことを優先して，やるべきことが後回しになり，周囲の動きから遅れてしまうことがよくあります。

❷ 育てたい力

　発表をする際に自分の考えをもって挙手をしたり，物事の優先順位を考えて行動したりでき

るようになってほしいと考えました。そのためには，いろいろなことを「整理」して考える力が必要になります。本生徒は，これまで整理して考える経験が少なく，特に言語で整理するにあたっては，必要な語彙力も乏しい実態がありました。そこで，まずは，「整理」する経験を積むことと，整理するために必要になる物事の属性に関する言葉について学習することで，物事を整理できる力を育成したいと考えました。

❸ 指導の仮説

- 言葉やいろいろな物事を実際に分類したり，概念について生徒本人がわかる表現で伝えながら，分類の基礎となる言語概念の学習を繰り返したりすることで，物事に属性があることに気付くことができるのではないか。
- 分類して整理する経験を積むことで自分自身の行動も整理できるようになり，物事の優先順位をつけて行動することへのきっかけになるのではないか。

3 学習計画

教科・単元名	主な学習内容	学習のねらい
理科「実験してみよう・調べてみよう①」	・乾電池と導線を使った実験を通して，豆電球を点ける。 ・実験を通して，電気を通すものと，通さないものを分類する。	・実験道具を使って，豆電球を点けることができる。 ・金属が電気を通すことを理解することができる。
理科「実験してみよう・調べてみよう②」	・風でウィンドカーを動かす実験を通して，風の強弱によって動く距離が異なることを体感する。 ・実験の結果をワークシート（iPad上）にまとめる。	・風の強弱によって，ウィンドカーが動く距離が異なることがわかる。 ・実験の結果を，言語で表現したり写真で示したりすることができる。
国語「仲間分けをしよう」	・様々な言葉を，属性に沿って仲間分けする。	・様々な言葉を，属性に沿って仲間分けすることができる。

4 用いた教材・アプリ

　理科の学習に使った教材については，本書の第2章4に詳細が掲載されています。国語では，「ロイロノート」のアプリを使用しました。カードを用いた分類ができる生徒でしたので，デジタルカードをタブレット上で操作できるロイロノートを使用しました。デジタルカードは，最初はイラス

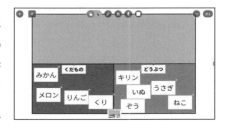

トを用いて，徐々にひらがなやカタカナに変えていきました。

5 指導の様子

❶ 理科「実験してみよう・調べてみよう①」[電気の通り道]

豆電球を点ける実験では，最初は１人で点けることが難しかったです。しかし，先に豆電球を点けることができた友達の様子をしっかり見ており，友達と同じように点けることができました。

電気が点いた写真と点いていない写真とを分けることができました。電気が点いたつなぎ方の写真の共通点や差異点を考える活動では，積極的に挙手をしていましたが，直前に友達が発表したことと同じことを発表し，共通点や差異点に自分で気付くことは難しい様子でした。

❷ 理科「実験してみよう・調べてみよう②」[風の力の働き]

送風機（強弱の調整可能）を使って，ウィンドカーを動かす実験を行いました。実物のテープを見て確認すると，「赤（のテープ）が**大きい**」と表現する様子が見られました。そこで，教師がジェスチャーもつけながら「赤が**長い**」と即座に言い換えて表現し，言葉とジェスチャーを一緒に反復して，言葉と意味の確認をしました。また，「長い」だけでなく「黄緑（のテープ）は短い」ことも併せて確認をし，ロイロノートへ記入しました。

また，床に貼った色のついた紙をロイロノート上に置き換えることの理解に難しさがありました。背景を床の色と同じにしたり，実物を確認したりすることで車の位置を示すことができました。

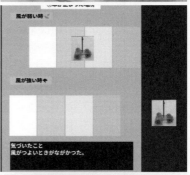

風とウィンドカーが動いた距離の関係を言葉でまとめる際は，「風が強い時は？」「車が動いた長さは長い？短い？」等，まとめる内容を教師が質問という形で言語化して，尋ねるようにしました。しかし，「長い」のジェスチャーはできていても口頭では「大きい」と答えることがあり，再度確認が必要でした。確認した内容を教師が代弁的に言語化して文章に

し，ロイロノートに記入しました。

❸ 国語「仲間分けをしよう」

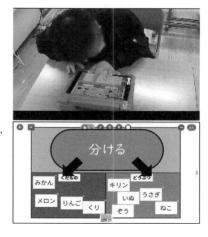

　学習当初，仲間分けの「分類する（分ける）」ことの理解が難しかったため，数学「数の分解」の学習で用いたカードを左右に分ける教材を使用しました。シートに食べ物，動物，乗り物等のイラストを並べて，仲間分けをすると数の分解と同じ手順で仲間分けをすることができました。また，中学部の友達の写真を学年ごとに分ける学習は，最初は難しかったようですが，何度か繰り返すうちに正確に分けることができるようになりました。さらに，「丸」や「四角」等の属性を
考える学習を行いましたが，自分の興味のある言葉を属性と考えてしまい，属性を言葉で表すことは難しかったです。

6 　まとめ

　情報活用能力の観点で生徒を見ることで，生徒の根本的な課題に教師が気付き，解決に向けて，様々な学習で教科横断的に取り組んだことが，生徒自身の「分類する」スキルの習得に結びつきました。属性を自分で言語化して分類したり整理したりすることは，今回難しかったのですが，物事には属性があること自体に気付き始める姿が見られました。

　物事の属性を正確に理解した上で，分類したり，整理したりすることはまだ難しいため，日常生活の中で優先順位を考えて行動することは難しいです。しかし，国語の時間に学習した「友達を学年という属性で分けること」は，繰り返し行うことで，正確にできるようになりました。また，年度はじめは，教師からの問いに何でも挙手をして指名されると「わからない」と答えることが多かったのですが，年度末には，友達の意見を聞いて答える内容を考えて，何かしらの考えをもって挙手をすることが増える等，考えを整理できている様子が見られるようになりました。教師が生徒の隣でタイムリーに説明したり，本人の主張を汲み取って代弁的に言語化したりと，支援を積み重ねることによって，このような姿をさらにいろいろな場面で見ることができるようになるのではないかと感じています。

教科のねらいに迫る
「情報活用能力×職業」の授業づくり

基本的操作を丁寧に学ぶ機会	課題解決型・プロジェクト型の学習	「自分のこと」としての課題設定
明確なインプット（実体験含む）	一元化された情報を使う	必然性のある学習（探究の学習プロセス）
言語化（代弁的に経験と知識をつなぐ）	可視化（いつでも参照できる環境）	表現の機会を設定
視覚的即時フィードバック	他の活用場面を設定	自己選択・自己決定の場面設定

奥田　隼人

1 授業づくりのポイント（可視化（いつでも参照できる環境））

　口頭での説明や声かけ等の耳から情報を得るだけの学習方法では，内容を理解できず，授業に参加できなかったり，学びを深められなかったりするなど，授業の目標に迫ることが難しい場合があります。また，学習したことを想起したり意識したりする機会が設定されていないと，単元や授業で学びが完結してしまい，他の場面での活用や学びになかなか結びつきません。

　そこで，本実践では「可視化」をポイントに授業づくりを行い，一人一人の生徒の単元目標の達成に向けて，"情報"を丁寧に示し，残していきました。例えば，学習過程がわかる板書，振り返りの視点の明示，動画を活用した自己評価，カードの分類による情報の蓄積の可視化等を行いました。また，学びを他の場面で活用できるように，単元と単元をつなぐ橋渡しとして，学習のまとめの掲示や，今後の目標に対する評価欄の作成，次の単元で活用できる振り返りシートの作成等を行いました。

　文字や動画，イラスト，記号等を用いて可視化しながら，生徒が捉えやすくわかりやすい情報を提示することにより，情報をもとに自分で考え判断したり，他の場面で生かそうとしたりするなど，情報を上手に扱いながら課題に取り組めるように授業づくりを行いました。

2 生徒の様子と学習を通して育てたい力

❶ 生徒の様子

　中学部３年生の６名を対象とした実践です。職業（特に働くこと）に関する実態として，１年時に校外での仕事見学（清掃）や施設見学を実施，２年時に校内での仕事体験（フルーツキャップ作業，清掃等）や高等部の実習動画を活用した職種の学習を実施しました。働くことの意義についての理解度に差があります。作業学習では，自分の工程に責任をもち，真面目に取り組むことができますが，働くことに関する自分の得意なことや苦手なことを知らなかったり，

職業に関わる事柄と作業学習や日常生活との関連を考える経験が少なかったりします。また，仕事に関する自己の適正について考える機会も少なく，進路への関心が低いのが現状です。

❷ 単元を通して育てたい力

- 様々な仕事体験を通して，自分の得意なことや苦手なことを理解して，課題の改善に向けて主体的に学習に取り組む姿。
- 職業生活に必要な基礎的な知識や技能を理解すること，自己評価や周囲からの評価，感想等をもとに自分の能力や適性について考える力（情報収集する力，整理・分析する力，振り返る力）。
- 課題改善に向けた目標を意識して，学校生活で改善しようとする態度。

3 単元計画

配時	主な学習内容	学習のねらい
1時	「働くってどんなこと」について知る	・学習内容や方法等を知る。
2〜5時	仕事体験①〜④（フルーツキャップ束ね，清掃，チラシの封入，図書室の整理），振り返り	・仕事に必要な知識や技能を知る。 ・自分の得意，苦手を知る。
6時	働く力について整理・分析	・自分の得意，苦手について理解してまとめる。
7時	働く力について目標設定	・課題を改善するための目標を考え，まとめる。
8時	報告会（自分の働く力について発表）	・自分の働く力や今後の目標を相手にわかりやすく説明する。
9時	報告会の振り返り，学習のまとめの掲示	・報告会での発表の仕方や内容の他者評価を知る。 ・単元での学びを他の場面で生かす。

4 用いた教材・アプリ

❶ 学習のプロセスカード

　学習の手順を可視化して生徒と共有するために，情報活用能力ベーシックの各「探究の学習プロセス」をカード化して黒板に提示しました。

③ 情報を
せいりする　④ 情報を
まとめる

❷ 振り返り動画

仕事体験や報告会の振り返りの際に，確かな情報をもとに考えることができるよう，仕事体験や発表の動画を撮影して提示しました。

❸ ロイロノート・スクール（クラウド型授業支援アプリ）を活用したワークシート

　「働く力チェックシート」や「得意・苦手シート」などすべてのワークシートはロイロノートを使って提示しました。働く力チェックシートの各項目をカード化することで，ロイロノート上で自由に動かすことができます。この機能を活用し，自分でカードを動かしながら，情報の分類ができるようにしました。また，単元を通してロイロノートを活用することで，アプリ内に情報が蓄積，集約され，情報をもとに考え，判断しながら課題を解決しやすくしました。

評価項目をカード化　　ロイロノート上で分類

5 指導の様子

❶ 自分のことを知ろう〜情報収集〜

　仕事体験を行い，「働く力チェックシート」を使って振り返り，自分の得意なこと，苦手なことを考えました。仕事体験を多角的に振り返ることができるよう，体験中の動画や教師のコメントなど視覚的な情報を提示したり，必要に応じて教師と対話したりしながら「働く力チェックシート」を記入しました。その後，「働く力チェックシート」のカード化された各項目を評価（◎○△）に応じて「得意・苦手シート」に分類しました。可視化された情報をタブレットでいつも参照できるため，自分の記憶や教師の促しに頼らず，確かな情報をもとに振り返ることができ，適切な評価につながりました。また，評価で完結せず得意・苦手シートにカードを分類したことで，自分の得意なことや苦手なこととして意識するようになったり，カードが蓄積していくことで情報を収集している実感が得やすくなったりしました。

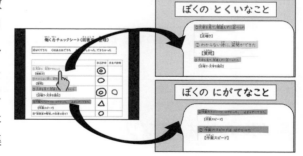

❷ 自分の得意・苦手を考えよう〜整理・分析〜

　❶で収集した自分の得意・苦手に関する情報を働く力（ていねいさ，スピード等）で構成された表にカードで仲間分けして（情報の整理），カードの枚数等を手がかりにしながら自分の得意・苦手を具体的に考えていきました（情報の分析）。カードとワークシートの関連がわか

りやすいよう，色分けをしたところ，色をヒントにしながら自分で情報を整理する姿が多く見られました。また自分の「得意・苦手」が整理されたことで，強みと弱みを比較しやすくなり，カードの枚数と自分の実感をすり合わ

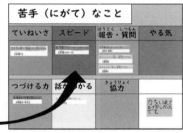

せながら分析し，「得意・苦手」を自分で判断したり，受け止めたりする姿が見られました。

❸ 得意・苦手に関する目標を設定して，学校生活で苦手を改善しよう〜振り返り・改善〜

❷でわかった自分の苦手なことと学校生活を関連させて目標を考えました。苦手なことと学校生活を関連させやすいよう，はじめに苦手なことが含まれる学習場面を考え，次にどのように頑張るのかを考えていきました。また，目標設定がゴールにならないよう，目標を記入したワークシートを廊下やロッカーに掲示し，その行動に対する評価をシール等で可視化していつでも確認できるようにしました。目標に対して評価する場面も設定しました。さらに，苦手なことが改善された姿を動画で撮り，学級内で友達に紹介するなど，頑張ったことに対するフィードバックを目に見える形で行いました。これにより，他の学習場面でも自分の目標を意識できたり，毎月の評価の際に，「前は協力できていなかったけどできた！」と自分の変容に気付いたりする生徒もいました。

評価シール貼り付け欄
及び毎月の評価欄

6 まとめ

本実践では，様々な場面で視覚的に捉えやすい形で情報を示しました。可視化された自分についての情報を見て考え，自分の思い（主観）とすり合わせながら客観的に判断するようになりました。本単元で学びを完結させず，日常生活に生かそうとする姿も見られるようになりました。併せて，働く力チェックシートの評価を１つの大切な情報として捉えて考えることができるよう，ロイロノートを使って評価項目をカード化しタブレットで動かせるようにしました。カードを動かして分類したりしたことで，情報をもとに判断する思考の過程が見えるようになりました。さらに，カードを動かしながら情報収集から整理・分析していく中で，情報が精選され絞られていき，核心（自分の苦手）に迫っている実感が得られているようでした。

"情報"は捉えにくく，扱いにくいものですが，"情報"を可視化することで，情報を扱う意識が高まるだけでなく，授業への参加を促し，学習内容の理解，習得，他の場面での活用段階につなげることができると考えます。今後も，生徒が"情報"とどのようにかかわることで学びを広げ，生活を豊かにできるのかを考えながら，指導・支援をしていきたいです。

自閉症児の自ら伝える力の育成
～問題発見・解決の基盤となる "発信力" ～

9

基本的操作を丁寧に学ぶ機会	課題解決型・プロジェクト型の学習	「自分のこと」としての課題設定
明確なインプット（実体験含む）	一元化された情報を使う	必然性のある学習（探究の学習プロセス）
言語化（代弁的に経験と知識をつなぐ）	可視化（いつでも参照できる環境）	表現の機会を設定
視覚的即時フィードバック	他の活用場面を設定	自己選択・自己決定の場面設定

岡崎　里香

1 授業づくりのポイント（表現の機会を設定）

　描いた絵や画像に音を録音できるアプリ「paintone ＋」を用いる等，様々な方法での意思の伝え方を学習し，授業の中，また日常生活の中で表現して伝える機会を設定しました。

2 児童の様子と学習を通して育てたい力

❶ 児童の実態

　小学部１年生の男子 A くんは，知的障害を伴う自閉症児で，IQ は35（田中ビネー知能検査），障害の程度は重度の判定を受けています。

　不明瞭ではありますが音声模倣することができ，したくないことや嫌なことは「ノー」と意思表示することができますが，それ以外は視線や指差し，身振りで意思を伝えることが多く，他者にわかる形での決まったコミュニケーション手段がまだありません。困った時に周囲に助けを求めることも難しく，自分１人で解決しようとしたり，起こっている問題をなかったことにしようとしたりすることがあります。また，タブレットに興味・関心はあるようですが，扱いについては慣れていない様子が見られます。

❷ 育てたい力

・A くんが将来何か大きな問題に直面した時に，その解決に向けて，他者にわかるように自分の意思を伝える力。

　自ら伝える力を伸ばしていくことで，人に助けてもらったり，自分では思い至らなかった考えを得たりすることができるようになり，問題を発見・解決できることにつながっていくと考えました。

❸ 指導仮説

　様々なツールや音声言語での意思の伝え方を学び，様々な場面での意思伝達の経験を積み重ねることで，自分の意思を他者にわかる形で伝えることができるようになるのではないかと考えました。

3 学習計画

❶ 生活科（第1次）／自立活動（第2次）

次（配時）	主な学習内容	学習のねらい
第1次 （3時間）	「タブレットであそぼう」 タブレットで遊ぶために必要な依頼の仕方や決まりについて学習する。	タブレットで遊ぶために必要な依頼の仕方や決まりを知ることができる。
第2次 （3時間）	「きもちをつたえよう」 タブレットのアプリ「paintone＋」を用いて伝えたい言葉を選択し，音声を出し，その音声を模倣する等により，その場面において適切な言葉を使って自分の意思を伝える方法を学習する。	その場面において適切な言葉を使って自分の意思を伝える方法を知る。

❷ 日常生活の指導

月	主な学習内容	学習のねらい
9月～12月	「きもちをつたえよう」で学習した言葉を日常生活場面で使う。	自分から意思を伝えることに慣れる。

4 用いた教材・アプリ

①「タブレット交換カード」（右図：自作）
②アプリ「paintone＋」（開発元：SHIKUMI DESIGN, Inc.）

このカードをもつひとはiPadとこうかんできる！

iPad こうかんカード

5 指導の様子

❶ 生活科「タブレットであそぼう」

　タブレットを起動したり，パスコードを入れたりなどの基本的操作について，また「やさしく」扱うことや教師が「おしまい」と言ったらすぐに片付けること等の扱い方や約束，タブレットの借り方に取り組みました。タブレットを使いたい時にはタブレット交換カードを持って，

教師のそばまで行き，「先生，タブレットを貸してください」と伝えて，カードとタブレットを交換するようにしました。言葉を覚えて1人で言うことは難しく，音声模倣できるよう教師が近くで「せんせいタブレットをかしてください」と伝える必要がありましたが，タブレットへの関心が高いため，自らタブレット交換カードを持って教師のそばへ行きタブレットを貸してほしいことを伝えようとすることができるようになりました。

先生，タブレットを貸してください。

❷ 自立活動「きもちをつたえよう」

アプリ「paintone＋」を用いた自らの意思を伝える学習に取り組みました。アプリ「paintone＋」は写真や絵に音をつけて音の鳴る写真（絵）をつくることができるアプリです。授業では，伝える場面を［トイレに行く時］［昼休みに外へ遊びに行く時］［掃除の雑巾絞りの仕上げを教師にお願いする時］［朝の学習が終わった時］の4つの場面に設定し，場面に合った写真またはイラストカードを押し，タブレットから流れる音声を模倣することで自分の意思を教師に伝えることに取り組みました。例えば，［トイレに行く時］は，「paintone＋」に表示された［トイレにいってきます］［そとにいってきます］［てつだってください］［おわりました］という4つの言葉の中から場面に合ったイラストカードを児童が押して音声を再生し，その音声を手がかりに自分の意思を言葉に出す，という使い方です。

「paintone＋」に表示された音声付きイラストカードのうち，その場に合ったものをタップする。
↓
「paintone＋」で音声を聞く。
↓
聞いた音声を手がかりに児童が音声言語で話す。

これは言葉を代替する道具として活用するのではなく，自らが音声言語で伝える方法を学ぶために活用しました。「paintone＋」を使うことで教師が直接支援することなく「paintone＋」から流れる音声を模倣して自ら意思を伝えにきてほしかったのですが，Aくんには少し文章が長く，音声模倣することが難しかったです。しかし，アプリの使い方は理解し，授業の中での練習では場面に合った言葉を選択することができました。

❸ 日常生活の指導

日常生活場面で「きもちをつたえよう」で学習した4つの言葉を伝えることに取り組みまし

た。最初，児童はなかなか自分から教師に伝えにいかず，何も伝えずにトイレや外に行こうとしたりすることが多く見られました。そこで，Aくんが教師に伝えなければならない場面で，教師がAくんに「（4つのうち）何が言いたいの？」「どれ？」とタイミングよく繰り返し伝えました。また，教師の近くに伝えにいくことができたら褒め，Aくんの要望にすぐに応えるようにしました。次第に自分から伝えなければいけない場面になると，教師の方に近寄っていき教師の様子をうかがう姿が見られるようになり，自分から教師に声をかけることができるようになっていきました。また，同じ学級の児童が教師に何かを伝えている様子を見て，自分も伝えたいと思い，自分から教師の元へ伝えにいく場面も見られるようになりました。さらに，学習した4場面で自ら伝えにいくことが増えていくと，次第に学習した4場面以外（次の活動に移りたいが，自分が思っている活動で合っているかどうかを確認したい時等）でも自ら考えて伝えにいくようになっていきました。

6 まとめ

今回の実践では，学習した場面で適切な表現方法を学び，その方法を学習した場面以外でも活用し，自ら考えて教師に伝える姿が増えました。また，伝えようとした教師が忙しそうにしている様子を状況判断して他の教師に伝えにいく等，受け手の状況を踏まえて伝えることができるようになりました。「伝える機会」という表現の機会を意図的に設定し，授業や日常生活の中で学んだ表現を用いて繰り返し伝える経験，そしてそれが伝わる経験を重ねたことで，自分のしたいことができたり，助けてもらえたりしました。この成功体験により，Aくん自身が"伝えるメリット"や"伝えることのよさ"を感じることができたと考えます。そして，それが学習した場面でパターン化したことにとどまらず，それ以外の場面に派生し，自ら考えて伝えることができることにつながったのではないかと考えます。

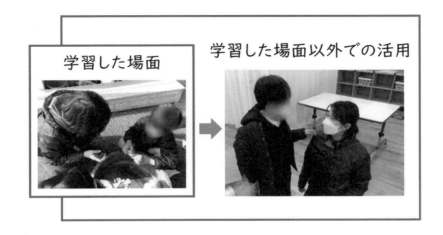

学習した場面　　　　学習した場面以外での活用

自らの課題に気付き，考え，
解決のために試行錯誤する力の育成

基本的操作を丁寧に学ぶ機会	課題解決型・プロジェクト型の学習	「自分のこと」としての課題設定
明確なインプット（実体験含む）	一元化された情報を使う	必然性のある学習（探究の学習プロセス）
言語化（代弁的に経験と知識をつなぐ）	可視化（いつでも参照できる環境）	表現の機会を設定
視覚的即時フィードバック	他の活用場面を設定	自己選択・自己決定の場面設定

長田　哲也

1　授業づくりのポイント（視覚的即時フィードバック）

　動画を活用することで，自らの作業の様子を客観的に捉え，振り返りを行えるようにしました。加えて，動画のどの部分を見ればよいのか，どのような点を見比べればよいのかがわかるよう指導・支援を積み重ねました。

2　生徒の様子と学習を通して育てたい力

❶ 生徒の実態

　高等部１年生の男子生徒 A くんは，本校には中学部から在籍しています。知的障害を伴う自閉症児で，IQ は69（田中ビネー知能検査），療育手帳は軽度の判定を受けています。

　A くんのもつ強みの１つが，手順や活動のポイントを理解・納得すると１人で作業を進めることができることです。また，活動でわからない点や気になる点は自分から教師に確認したり，インターネットで検索をしたりすることができますが，その一方で，自分を客観視することが苦手であり，教師や友達の助言を聞き入れずに自分のやり方にこだわることもあります。加えて，質問を繰り返したり，本質とは異なるところが気になったりするなど，状況や内容の理解・整理が苦手です。

❷ 育てたい力

　これらの課題は，「自らの行動を客観的に捉える力」や「振り返る力」が不足していることに起因していると考えました。上記のような力は，他者からの助言を受け入れる力や，その助言と現在の自分の持ち味・技量・課題等とをつなげるために必要な力になるものと考え，大切に育てていきたいと考えました。

❸ 指導仮説

そこで，「自分の作業の様子を動画で見直すことで，自分の課題に気付き，解決するための方策を考え，よりよい製品づくりに取り組むことができるのではないか」と仮説を立て，実践に取り組みました。

3 学習計画

次（配時）	主な学習内容	学習のねらい
第1期（5時）	作業体験，作業工程決めをする	• 担当工程に慣れる
第2期（6時）	よりよい製品づくりに取り組む	• 製品づくりのポイントを考え，取り組む
第3期（10時）	販売会に向けた製品づくりをする	• 担当工程以外にも挑戦する

4 用いた教材・アプリ

❶ ロイロノート・スクール

毎時の授業の最後に行う振り返りの時間に使用しました。振り返りシートは，出来高が中心であった従来の様式（図1）から，試行のプロセスを可視化した新たな様式へと変更しました（図2）。

図1　従来の様式

❷ カメラアプリ

作業の様子を自ら確認できるよう，iPad の純正のカメラアプリで，教師が動画を撮影しました。

❸ AirDrop（iPadOS の標準機能）

教師が撮影した動画は，毎時の振り返りの際に，AirDrop で生徒の iPad に無線送信しました。

図2　新しい様式

5 指導の様子

高等部陶工班では，機械ろくろで飯茶碗などを作成する「成形工程」，成形工程で製作された飯茶碗のふちを，口当たりをよくするために丸くしていく「仕上げ工程」，素焼き・本焼きをしていくための「蝋引き・釉薬掛け工程」等，生徒一人一人の得意なことや特性等に応じて，担当する工程を決めています。このように複数の作業工程がある中で，Aくんは「仕上げ工

程」を担当しました。飯茶碗の仕上げを行うためには，機械ろくろに設置した飯茶碗のふちを①ポリネットで荒削りをする，②カンナで細かく削る，③濡らしたスポンジで整える，という３つの手順を踏みます。

❶ 第１期

　高等部に進学し，初めての班別作業でした。中学部時代にも陶工班の経験はあるものの，作成する製品や作業工程は全く異なるため，手順や道具の使い方などを一つ一つ新たに学んでいく時期でした。

図３　ふちの様子

　カンナの当て方や機械ろくろのスピードなどが不安定なため，仕上げにばらつきがありました（図３）。また，ふちは外側と内側をバランスよく削る必要があります。Aくんはふちの外側は削ることができていましたが，内側を削ることまでは意識を十分に向けることができていませんでした。

　この時期はまだ従来の振り返りシート（図１：p.79参照）を使用していたため，出来高の確認や主観的な記述による振り返りを行ってはいましたが，「自分の作業の様子を客観的に見直す」ということまでには至っていませんでした。そのため，記述による振り返り（図４）においても，「丁寧にけずりました」と書

いてはありますが，「丁寧」の基準がAくんの中にあり，加えて達成感を得ているので，よりよくするための教

> 振り返り（今日学んだこと・次回の目標）
> 今日は仕上げで、湯茶みのふちを丁寧にけずりました。とてもがんばりました。次からは他の作業をがんばります。

図４　記述による振り返り

師からの助言を受け入れにくいという状況が見られました。

　この時期のAくんは，自分の課題に自分では気付けていない，仕上げ作業のどこに注目をすればよいのかがあまり理解できていない，できるようになったことや作業のポイント・コツなどの気付きが弱い，といった様子でした。

❷ 第２期

　作業工程に慣れ，手順を覚えたことで，自分で作業を進めることができるようになりました。しかしながら，飯茶碗のふちを丸くすることは不安定でした。

　そこで，振り返りの仕方を工夫しました。１つ目は動画の活用です。作業の様子を教師が動画に撮り，振り返りの時間に活用するようにしました。また，振り返りシートの変更も行い，従来の出来高を中心とした振り返りから，「良かった・できたこと」「難しかった・できなかったこと」と評価の視点を明示して分けて枠をつくり，順序立てて整理しやすくしました。図５はAくんが記述した振り返りシートです。シート内の写真は，ロイロノートの機能の１つである「カードインカード」の機能を使い，教師からAirDropで送信された動画を貼り付けたものです。この動画を見て自分の作業の様子を見直したことで，図５の時は自己評価を「２

少しできなかった・少し難しかった」にチェックしています。記述欄には「難しかった・できなかったこと」として「飯茶碗のふちの内側を削るところ」と書き，具体的には「飯茶碗のふちの内側がちゃんと削れてなかったから」，また，よりよくするためには「カンナの角度に気をつける」ことが大事であることに気付くことができました。動画を用いた振り返りを積み重ねたことで，飯茶碗のふちの内側・外側を交互に削ることができるようになっていき，安定して製品を作ることができるようになってきました。加えて，飯茶碗のふちを自分で見たり，触ったりして確認をする様子も見られるようになりました。

図5　振り返りシート

　この時期のAくんは，自分の課題に気付くことができるようになり，動画のどこを見るのか，どこを見ればよいのかが絞られ，よい製品とそうでない製品とを比べることができました。また，振り返りではできたことや次にどうしたいかなど，前向きに振り返りをすることもできました。

❸ 第3期

　第2期の指導内容が定着するよう，継続して指導・支援を行いました。この時期になると，プロフィールで示した「手順や活動のポイントを理解・納得すると1人で作業を進めることができる」という強みが生き，飯茶碗の仕上げをミスなく安定してできるようになりました（図6）。

図6　飯茶碗の写真

　安定して仕上げ作業に取り組むことができるようになったことで時間にゆとりができ，他の工程にも取り組む時間を確保することができました。スプレーガンを使った釉薬掛けでは，自分の動画を見ながら，教師が助言したことをすり合わせて「もっと上からかな」などと，スプレーの角度に気を付ける様子が見られました。

　この時期では，作業工程が変わっても，課題に気付くことができました。その要因は，観点を定めて比べる力が高まったことにあると考えます。また，分析的に自分の活動を捉え，次につなげる意識の高まりも見られました。

6　まとめ

　先に示した指導仮説に対して，動画を活用して作業の様子を自ら確認できるようにしたことで，自己の課題に気付くことができ，工夫をしながらよりよい製品づくりに取り組むことができるようになりました。

情報を収集する力を高め，
言葉の意味の理解を促す国語の授業づくり
〜１人１台タブレットの導入〜

基本的操作を丁寧に学ぶ機会	課題解決型・プロジェクト型の学習	「自分のこと」としての課題設定
明確なインプット（実体験含む）	一元化された情報を使う	必然性のある学習（探究の学習プロセス）
言語化（代弁的に経験と知識をつなぐ）	可視化（いつでも参照できる環境）	表現の機会を設定
視覚的即時フィードバック	他の活用場面を設定	自己選択・自己決定の場面設定

四方田愛美

1 授業づくりのポイント（他の活用場面を設定）

　１人１台タブレットの導入にあたり，タブレットで写真を撮るために必要な言葉を学習する「国語×情報活用能力」の授業実践です。「言葉の理解」のためには，まず言葉を知り，言葉を聞いてそれに応じた行動（動作）ができるようになり，授業以外の生活場面でも使える言葉にしていく必要があります。これには，１単元のみで学習を完結させることなく，単元を起点とし，他の教科，日常生活，行事等でも学んだ言葉を意図的に取り入れ，時間的にも空間的にも学びの場を広げ，継続させていくことを仕組むことが有効です。また，国語の学習効果を上げるには，同時にそのために必要な情報活用能力も教科等横断的に育むことができるとより効果的であると考えます。

　具体的には，国語でタブレットでの上手な写真の撮り方にまつわる言葉を学び，生活単元学習で実際にタブレットで写真を撮って年賀状を作ったり，学校祭の発表場面で写真撮影をしたりと，学んだことを他の場面で活用できるようにカリキュラムを調整しました。また，校外学習で出かけた際の道路歩行場面等で，学んだ言葉である「近づく」を多用する等，逆に活用場面で既習事項の確認をすることが，知識や技能の定着につながります。

2 児童の様子と学習を通して育てたい力

　知的障害があり，発達段階が初期の小学部１，２年生の児童は，まだ，自分中心の生活の段階であり，１人で感覚的な刺激を楽しむ児童も多いです。また，自分を中心として距離の近い範囲の物や出来事には意識が向きやすいですが，集団学習で，教師が少し距離のある教室の前方で授業を進めると，その様子に注意が向かず，情報をキャッチすることが難しいといった状況があります。場の設定や配置を工夫するといった環境設定を行うことと併せて，児童自身の「情報をキャッチする」といった初歩的な情報活用能力を育むことが，国語の目標である言葉

の意味理解を含め，学習効果の向上につながると考えました。具体的には次の３つの力です。

❶ 見る力，聞く力

まず第一に，話をしたり行動をしたりしている教師や友達に気付くことが必要です。さらに，興味をもって，注目し，行動を見たり言葉を聞いたりする力が重要です。

❷ 見て模倣しようとする力

言葉の意味理解のためには，その言葉が表している事柄をイメージできるようになり，動詞であればイメージしたことを行動（動作）に表すことができると理解も深まると思います。言葉を知る手がかりとして，言葉に応じて行動している教師や友達の動きを見て，模倣し，言葉と行動（動作）を一致させていくことが言葉の意味理解のために有効です。

❸ イラストや記号を理解する力

❷に記述したことと同様の理由から，言葉の表す事柄をイメージするために，イラストや記号が表していることを理解する力も必要だと考えました。身の回りにある様々な情報を捉えて行動していくために，文字や記号の理解は欠かせませんが，語彙獲得の前の段階として，イラストと記号を教材として扱いました（図１）。実際に動作化しながら，イラストや記号の意味理解につなげました。

図1 「近づく」「離れる」イラスト

3 学習計画

月	教科・単元名	目標・学習内容
10月	国語「タブレットで写真を撮ろう」（起点となる単元）	タブレットの写真の撮り方にまつわる言葉（近づく，離れる）の意味を知り，上手な写真を撮るための動作を行ったり他者に伝えたりする。
11月	生活単元学習「すずかけ祭り」	タブレットで撮影することを発表内容に組み込み，言葉を聞いたり話したり，言葉に応じた行動をしたりしながらステージ発表をする。
12月	生活単元学習「もうすぐ冬休み」	年賀状にまつわる言葉を知り，文字を書いたりタブレットで写真を撮ったりして，年賀状を作成する。 校外学習で道路を歩行する際に，「近づく」という言葉を意図的に使用する。

4 用いた教材・アプリ

❶ たぶくん（自作キャラクター）

「タブレットのお友達」という設定で，児童に「上手な写真を撮ってほしい」というお願いをしたり，児童に学習活動を促したりフィードバックしたりするキャラクターとして，立体で作成しました（図2）。「ぺチャット」（❷）と組み合わせて使用しました。

図2　たぶくん

❷ ぺチャット（開発元：Hakuhodo Inc.）

ぺチャットは，ぬいぐるみにつけるボタン型スピーカーです。専用アプリを操作すると，まるでぬいぐるみがおしゃべりしているように感じられます。❶の「たぶくん」につけ，たぶくんを擬人化して活用しました。

5 指導の様子

❶ たぶくんとの学習

情報活用能力ベーシックの1つ目のステップ「課題の設定」において，たぶくんから「上手な写真を撮ってほしい」と頼まれます。教師は，「今はまだみんな上手な写真が撮れないけど，上手な写真の撮り方をたぶくんと一緒に勉強していこう！」と意欲を高めました。2つ目のステップ「情報の収集」では，「たぶくんからのアドバイス」として，被写体に「近づいて」，画面いっぱい「大きく」撮ると上手な写真が撮れるということを教えてもらいました。ここで「近づく」「離れる」や「大きい」「小さい」等の言葉を学習する必然性をもたせました。要所要所で，たぶくんから，言葉を言ってもらい，「上手にできたね」等と褒めてもらうことで，まるで一緒に学習しているように感じられ，たぶくんに褒められて喜んだり，たぶくんに言われたことを進んで行おうとしたりする児童の姿が見られました。

❷「情報をキャッチする力」へのアプローチ

「国語×情報活用能力」の授業において，タブレットで写真を撮るということを題材に，「近づく」「離れる」「大きい」「小さい」の言葉の意味を理解する学習を行いました。国語の学習効果を高めるために着目した「情報活用能力」が「情報をキャッチする力」であり，具体的には「見る力，聞く力」「見て模倣しようとする力」「イラストや記号を理解する力」です。

図3　情報をキャッチする

図3は，実際にタブレットで被写体の写真を撮る児童とその様子を見ている児童の写真です。「近づく近づく」という教師の声を聞きながら，被写体に近づく児童。その様子を見聞きしながら「近づく」とはこういう動きであるということを理解する他の児童。次に撮影する児童は，先ほどの友達の動きを模倣してやってみる姿がありました。タブレットの画像をモニターに転送して映すことで，大きく撮れているか？はみ出ていないか？等を確認し，「近づく」や「離れる」の言葉を使って，友達に伝える児童も出てきました。また，実際の人の動きだけでなく，図1のようなイラストや記号で表されたものを見て，動きの向きや方向を考え，イメージをもつ活動等を組み合わせながら指導を行いました。情報活用能力を意識し，アプローチすることで，結果的に国語としての「言葉の意味理解」という目標達成に効果がありました。

❸ 起点となる授業⇒時間的，空間的に学びを継続

図4　年賀状用の写真撮影

　この国語の単元の2か月後，生活単元学習「もうすぐ冬休み」での年賀状作成において，意図的にタブレットでの写真撮影を取り入れました（図4）。その際，国語で学んだ「近づく」「離れる」や画面いっぱいに「大きく」を意識して写真を撮る児童の姿がありました。また，その友達の様子を見て模倣する児童，教師の言葉を聞きそれに応じて近づいたり離れたりする児童もいました。授業以外の廊下歩行時にも，「近づく」という言葉を多用し，それを聞いて自ら前の友達に近づく児童の姿や，それを見て自分も近づく児童の姿が見られました。国語としての学びはもちろん，それを支える「情報活用能力」についても，学びを時間的，空間的に継続させることの効果を実感しました。

6　まとめ

　「国語×情報活用能力」の授業で，どのような情報活用能力を育むと学習効果が高まるかを考え，1単元のみで完結する学習ではなく，単元を起点とし，他の教科，日常生活，行事等でも学んだ言葉を意図的に取り入れ，時間的にも空間的にも学びを継続させていくことを仕組みました。そのことが，国語の学びだけでなく情報活用能力も同時に，学習効果を最大化させていくことができたと考えます。情報活用能力は，育成していることや身に付いていることが目に見えにくいです。教師が育む意識をもって授業や生活を支援し，教科の学びがうまくいくことで，「情報をうまく収集できてよかった」，「うまく比べることができてよかった」のように，情報活用能力を身に付けたことや発揮できたことのよさをやっと実感できるようになっていくのかもしれません。そのことに気付きにくい知的障害のある児童生徒には，教師が「あなたたちがしっかり友達の動作を見て真似することができたことや，イラストや記号を見てその意味を捉えることができたことがよかったんだよ」と価値づけることが大事だと考えます。

自ら解決する力の育成
～情報の見方・捉え方へのアプローチ～

基本的操作を丁寧に学ぶ機会	課題解決型・プロジェクト型の学習	「自分のこと」としての課題設定
明確なインプット（実体験含む）	一元化された情報を使う	必然性のある学習（探究の学習プロセス）
言語化（代弁的に経験と知識をつなぐ）	可視化（いつでも参照できる環境）	表現の機会を設定
視覚的即時フィードバック	他の活用場面を設定	自己選択・自己決定の場面設定

荒川由希子

1 授業づくりのポイント（自己選択・自己決定の場面設定）

　指導目標を達成するためには，方法を教師が与えるだけでなく，自己選択・自己決定する場面を設定することがより効果的でした。本実践では，効率よく仕事を行う方法を教師と考え，生徒が選択・決定する場面を設定しました。

2 生徒の様子と学習を通して育てたい力

❶ 生徒の実態

　対象生徒（以下，本生徒）は，高等部2年生の生徒であり，IQは58（田中ビネー知能検査），広汎性発達障害の診断を受けています。学校生活では，友達や教師と言葉でのやりとりを楽しんだり，友達の手助けや教師の手伝いを進んで行ったりする様子が見られます。また，メモをとることが得意で，聞いた情報をある程度正確に記録することができます。その一方で，すべきことの優先順位をつけられずに，目についたことから行う様子が見られ，任された作業を終えていないこともあります。さらに，複数の工程がある作業を，同じ手順で繰り返し行うことが苦手な様子も見られます。本生徒の情報の捉え方としては，全体を大まかに捉えており，部分に注目することが苦手だという様子が見られます。

❷ 指導目標

　本生徒が必要な情報を焦点化したり，取り組む手順を整理したりすることで，効率よく正確に作業を行うことができるようになることを目指します。

❸ 指導仮説

• 本生徒に対して，情報活用能力の視点を踏まえた指導・支援の工夫を行うことで，本生徒の

情報の見方や捉え方にアプローチでき，そのことが効率のよい仕事，正確な仕事につながるのではないか。

- 情報の焦点化や整理をするための方法を，教師が与えるだけでなく，自己選択・自己決定する場面を設定することで，より成果を上げられるのではないか。

3 学習計画

職業科（「班別作業」）と自立活動で実践を行いました。本校高等部では，職業科で「班別作業」の学習を設定しています。「班別作業」は，働く生活に向けた基礎基本を育成する学習として位置づけ，「サービス」「陶工」「縫工」の3班縦割り編成で構成しています。

教科等	情報活用能力の視点	学習内容
実践1 職業科 （「班別作業」）	情報の整理	サービス班にて，テイクアウトカフェの運営・接客を行う。手順を整理し，コーヒーメーカーを使ってホットコーヒーづくりに取り組む。
実践2 自立活動	情報の焦点化	「心理的な安定」「環境の把握」の項目と関連。必要な情報に注目しながら，3種類のタオルの色，表裏，左右を揃えて重ねる。

4 用いた教材・アプリ

- ロイロノート・スクール

5 指導の様子

❶ 実践1　職業科（「班別作業」）の取組

【第1期（実態把握）】

ホットコーヒーを作る活動は，過去に経験したことのある活動ですが，手順がわからなくなり，目についたことから作業に取りかかる様子が見られました。作業の途中で用具の準備をし始めたり，水を計量した後に，作るコーヒーの量を決めたりする様子が見られました。

【第2期（指導期）】

第1期の様子をもとに，情報を整理するための方法を本生徒と相談しながら考えました。教師から「ホットコーヒーを作る手順をわかりやすくするためにはどうしたらよいと思うか」「メモをとること（本生徒が

☆コーヒーを作る時の手順書☆

① コーヒーの粉を準備する。
② すりきりヘラを準備する。
③ フィルターケースにペーパーフィルターを付ける。
（※フィルターを入れる向きに注意！）
④ コーヒーの粉を入れる。
⑤ コーヒーメーカーの中に水を入れる。
⑥ コーヒーメーカーにポットを入れる。
⑦ 電源をいれる。
⑧ 終了

ロイロノートでつくった手順書

得意な方法）が生かせるのではないか」という提案を行いました。すると，本生徒は必要な工程をメモに書き出し，その後，教師と相談しながら優先順位をつけ，ロイロノートを使って手順書を作成しました。

第2期では，本生徒が作成した手順書を見ながら，コーヒーを作るようにしました。作業の途中で用具を準備することはなくなり，作業を終えるまでにかかった時間が短縮されたり，ミスが減ったりする等，効率よく作業に取り組む様子（右図）が見られました。本生徒の感想として，「手順書があった方がスムーズに仕事に取り組めた」「作業に慣れてきても手順書があった方が安心して仕事に取り組める」「違う作業の場面でも作った方がいいかも」といった声が聞かれました。他の場面においては，レジの準備をする手順書を同様に作成し，何をすべきかわからなくなった時に手順書を見て確認するといった使い方をしている様子が見られました。

自作の手順書を見ながら作業

❷ 実践2　自立活動の取組

【第1期（実態把握）】

タオルの色を揃えて重ねることはできていたものの，表裏と左右を揃えることにミスが多く見られました。表裏を確認していたところでタグを見始めたり，枚数を気にしたりと，注目する部分がわからなくなる様子が見られました。また，毎回タオルの置き方が変わっていたため，左右や表裏を確認しても，置き方により揃わないということもあり，安定して正確に取り組むことが難しい様子が見られました。

どこに注目すればいいのか…

【第2期（指導期）】

第1期の様子をもとに，教師が「気を付けるポイントは3つ」等，情報をわかりやすい言葉で焦点化して伝え，成功した時と失敗した時の原因（タオルの表裏を確認する方法や置き方）を整理・比較して伝えました。

第2期では，タオルの表裏に注目できるようになり，置き方も気を付けるようになったことで，正確に揃えて重ねることができるようになりました。

タオルの表裏に注目できるように

また，他の課題であるグリッドの点つなぎにおいても，最初は全体の形を大まかに捉えて，あやふやに書いていましたが，始点や終点に注目することで，正確に書くことができました。学習の内容が変わっても，情報を焦点化する見方が生かされ，部分に注目できるようになったと言えます。

6 まとめ

　本実践は，情報を全体で大まかに捉える傾向にあり，部分に注目することが難しかった本生徒に対し，情報の見方や捉え方を変えるための指導や支援の在り方について一考となる実践となりました。

　情報を整理するための指導・支援で工夫したこととして３つ挙げられます（図１）。１つ目は，生徒が得意な方法を使うことを提案したことです。本生徒は"書くこと"が得意だったため，自ら手順書の作成に無理なく取り組んだと考えられます。２つ目は，段階を分けて整理するように情報の扱い方を伝えたことです。本生徒は，コーヒーを作る工程を書き出す段階で

図1

順番もつけていましたが，工程に抜けが多く見られたため，「工程を書き出すこと」と「優先順位をつけること」を分けて行うようにしました。３つ目は，自己選択・自己決定する場面を設定し，自分で解決するプロセスを体験するようにしたことです。課題に対して，どうやって解決をしていけばいいのか自分で方法を選択・決定しながら，解決する成功体験をしたことで，他場面での汎化につながったと考えられます。その際に，選択や決定の判断を支えるツールとして，タブレットは有効だったと言えます。今の生活に限らず，卒業後にもそのような場面に遭遇した時に乗り越えていくことにつながるように大切にした点です。

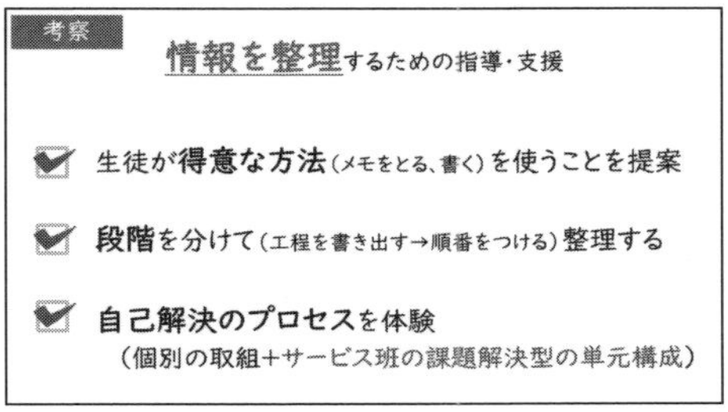

　情報を焦点化するための指導・支援で工夫したことも３つ挙げられます（図２）。１つ目は，注目すべき点を言葉でわかりやすく伝えたことです。情報のどの部分を切り取ればいいのか迷う生徒に対しては，より大切なポイントでした。２つ目は，成功時と失敗時の原因を比較して伝えたことです。理由や根拠を説明することで，その行動に意義づけができ，意識して行動

図2

を改善する様子につながりました。３つ目は，失敗する場合も念頭に入れて，その対処方法も伝えるということです。間違えたとわかった時に，いつもと異なるプロセスになるので，混乱し，次のミスを招きやすいことがありました。そのため，対処方法を伝えておくことで，より安定して正確に行うことにつながりました。

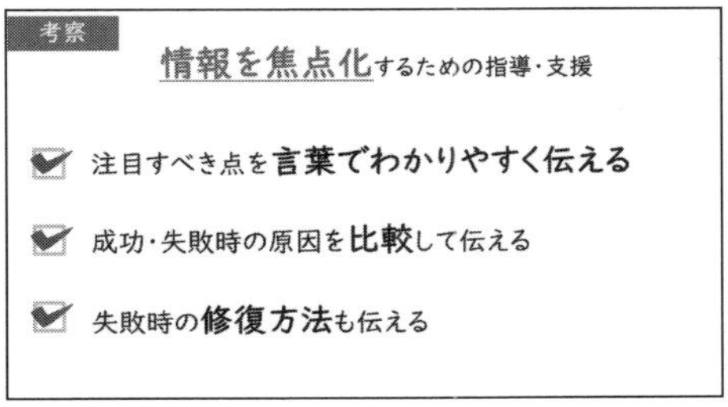

参考文献・資料

頁	内容	開発元	URL
004	文部科学省（2023）第4期　令和5年度〜令和9年度　教育振興基本計画（令和5年6月16日閣議決定）		https://www.mext.go.jp/content/20230615-mxt_soseisk02-100000597_01.pdf
010-011	稲垣忠・中川一史・佐藤幸江・前田康裕・小林祐紀・中沢研也・渡辺浩美（2019）小中学校教員を対象とした情報活用能力の認知および指導状況に関する調査，日本教育メディア学会第26回年次大会発表集録，94-97		
014	文部科学省（2018）特別支援学校教育要領・学習指導要領解説　総則編（幼稚部・小学部・中学部）		https://www.mext.go.jp/component/a_menu/education/micro_detail/__icsFiles/afieldfile/2019/02/04/1399950_3.pdf
014	小林祐紀・秋元大輔・稲垣忠・岩﨑有朋・佐藤幸江・佐和伸明・前田康裕・山口眞希・渡辺浩美・中川一史（2022）学習過程に関連づけた情報活用能力育成のための　授業指標の開発と評価（AI時代の教育論文誌5巻）		
014-027	熊本大学教育学部附属特別支援学校（2023）研究紀要　第34集		https://www.educ.kumamoto-u.ac.jp/~futoku/kenkyu2022-data.html
016, 025	稲垣忠・中橋雄（2017）教育工学選書Ⅱ第8巻情報教育・情報モラル教育（ミネルヴァ書房）		
018	文部科学省（2020）次世代の教育情報化推進事業「情報教育の推進等に関する調査研究」成果報告書		https://www.mext.go.jp/a_menu/shotou/zyouhou/detail/1400796.htm
018, 051, 060	イラストAC		https://www.ac-illust.com
019	文部科学省（2016）小学校段階におけるプログラミング教育の在り方について（議論の取りまとめ）		https://www.mext.go.jp/b_menu/shingi/chukyo/chukyo3/053/siryo/__icsFiles/afieldfile/2016/07/08/1373901_12.pdf
022, 025	一般社団法人日本教育情報化振興会「小学校版情報活用能力ベーシック」		https://www.japet.or.jp/activities/info-ut-ability-dev/info-ut-com/
040	熊本大学教育学部附属特別支援学校（2022）令和3年度研究報告		https://www.educ.kumamoto-u.ac.jp/~futoku/kenkyu2021-data.html
043	文部科学省（2020）情報活用能力の体系表例（IE-Schoolにおける指導計画を基にステップ別に整理したもの）		https://www.mext.go.jp/content/20201014-mxt_jogai01-100003163_005.pdf
044	iPad純正アプリ「写真」「カメラ」「Safari」「Keynote」「iMovie」	Apple	

頁	内容	開発元	URL
044, 048, 051, 056, 059, 063, 067, 072, 079, 087	アプリ「ロイロノート・スクール」	LoiLo inc	https://apps.apple.com/jp/app/id840810729
044	アプリ「Zoom － One Platform to Connect」	Zoom Video Communications, Inc.	https://apps.apple.com/jp/app/zoom-one-platform-to-connect/id546505307
044	アプリ「Google マップ－乗換案内＆グルメ」	Google LLC	https://apps.apple.com/jp/app/id585027354
044	アプリ「Yahoo！天気」	Yahoo Japan Corporation	https://apps.apple.com/jp/app/id521974902
047	アプリ「ScratchJr」	Scratch Foundation, Inc.	https://apps.apple.com/jp/app/scratchjr/id895485086
047	True True	ケニス株式会社	https://kenis.co.jp/truetrue/index.html
055	ウィンドカー「風とゴムのパワー体験キット」	株式会社アーテック	https://www.artec-kk.co.jp/catalog/
057	渡邉重義・植田青士・佐々木竜太・立山裕美・上中博美・上羽奈津美・多田肇・後藤匡敬・赤﨑真琴（2023）特別支援学校における理科学習の活性化を図る電気回路の教材開発と授業実践，熊本大学教育実践研究，40，39-46		
059	アプリ「Microsoft PowerPoint」	Microsoft Corporation	https://apps.apple.com/jp/app/id586449534
060	iPad ミッションズ	Teach U～特別支援教育のためのプレゼン教材サイト～	https://musashi.educ.kumamoto-u.ac.jp/11001-2/
063	YouTube「しかくさんかくまる｜ Shape Monsters｜すうじのうた｜ピンキッツ童謡」	ピンキッツとベイビーシャーク（Pinkfong）－子どもの歌とお話	https://www.youtube.com/watch?v=2yXdmA0_Jwk
063	iPad 標準機能「マークアップ機能」	Apple	
065, 073, 083	シンボル・ライブラリ「かわいいフリー素材集 いらすとや」	いらすとや	https://www.irasutoya.com
075	アプリ 「paintone ＋」	SHIKUMI DESIGN, Inc.	https://apps.apple.com/jp/app/id892735286
079	iPad 標準機能「AirDrop」	Apple	
084	Pechat（ペチャット）	Hakuhodo Inc.	https://pechat.jp

執筆者紹介 執筆順（氏名（敬称略），所属）／執筆箇所

歳田　和子（熊本大学教育学部附属特別支援学校　校長）／刊行に寄せて

後藤　匡敬（熊本大学教育学部附属特別支援学校　教諭）／

　　　　　　　はじめに，第1章 ［3，4，5（冒頭）］，参考文献・資料

小林　祐紀（茨城大学教育学部　准教授）／第1章 ［1］

菊池　哲平（熊本大学大学院教育学研究科　教授）／第1章 ［2］

廣田　拓也（熊本大学教育学部附属特別支援学校　教諭）／第1章 ［5（1，10，12）］

辻　　清美（熊本大学教育学部附属特別支援学校　教諭）／第1章 ［5（2，3，4，7，11）］

多田　　肇（熊本大学教育学部附属特別支援学校　教諭）／第1章 ［5（5，9）］，第2章 ［5］

奥田　隼人（熊本大学教育学部附属特別支援学校　教諭）／第1章 ［5（6，8）］，第2章 ［8］

後藤　純子（熊本大学教育学部附属特別支援学校　教諭）／第1章 ［コラム］

上園　宗徳（熊本大学教育学部附属特別支援学校　教諭）／第2章 ［1］

小田　貴史（熊本大学教育学部附属特別支援学校　教諭）／第2章 ［2］

植田　青士（熊本大学教育学部附属特別支援学校　教諭）／第2章 ［3］

佐々木竜太（熊本大学教育学部附属特別支援学校　教諭）／第2章 ［4］

田中美由紀（熊本大学教育学部附属特別支援学校　教諭）／第2章 ［6］

立山　裕美（熊本大学教育学部附属特別支援学校　教諭）／第2章 ［7］

岡崎　里香（熊本大学教育学部附属特別支援学校　教諭）／第2章 ［9］

長田　哲也（熊本大学教育学部附属特別支援学校　教諭）／第2章 ［10］

四方田愛美（熊本大学教育学部附属特別支援学校　教諭）／第2章 ［11］

荒川由希子（熊本大学教育学部附属特別支援学校　教諭）／第2章 ［12］

熊本大学教育学部附属特別支援学校　教職員一覧

●2023（令和5）年度
校長　　蔵田　和子
教頭　　岡田　　彰

〈小学部　教諭〉
小田　貴史，四方田愛美，岩切　昌大，岡崎　里香
加藤　亮太，田中美由紀，奥田　隼人，辻　　清美

〈中学部　教諭〉
赤﨑　真琴，松尾かおり，多田　　肇，上羽奈津美
佐々木竜太，立山　裕美，植田　青士，後藤　匡敬

〈高等部　教諭〉
上園　宗徳，田口　朱美，長田　哲也，境内　エミ，吉坂　卓也
荒川由希子，廣田　拓也，三藤　志保，古里　王明，林　　恭兵

養護教諭　後藤　純子
栄養教諭　小田　由衣

（育児休業）岩下　佳美，朝比奈季子
（9月まで在籍）金輪　祐子

●2022（令和4）年度まで在籍
毎床　英樹，紫垣　昌希，上中　博美，瀬田　　理，藤野　末波，髙倉　真樹

●2021（令和3）年度まで在籍
上村　美紀，日置健児朗，原口さつき，瀧　ひろ子

●2020（令和2）年度まで在籍
八幡　彩子，前川美穂子，菊池　佳奈，神代　博晋
倉田沙耶香，芳武　敏雄，谷山　文江，矢ヶ部聡子

【監修者紹介】

菊池　哲平（きくち　てっぺい）
熊本大学大学院教育学研究科教授

小林　祐紀（こばやし　ゆうき）
茨城大学教育学部准教授

【編著者紹介】

熊本大学教育学部附属特別支援学校
（くまもとだいがくきょういくがくぶふぞくとくべつしえんがっこう）
〒860-0862　熊本県熊本市中央区黒髪5丁目17-1

特別支援教育　情報活用能力を育む授業づくり

2024年3月初版第1刷刊　Ⓒ監修者　菊　池　哲　平
　　　　　　　　　　　　　　　　小　林　祐　紀
　　　　　　　　　編著者　熊本大学教育学部附属特別支援学校
　　　　　　　　　発行者　藤　原　光　政
　　　　　　　　　発行所　明治図書出版株式会社
　　　　　　　　　　　　　http://www.meijitosho.co.jp
　　　　　　　　　（企画）佐藤智恵（校正）武藤亜子
　　　　　　　　　〒114-0023　東京都北区滝野川7-46-1
　　　　　　　　　振替00160-5-151318　電話03(5907)6703
　　　　　　　　　ご注文窓口　電話03(5907)6668

＊検印省略　　　　　　組版所　広　研　印　刷　株　式　会　社

本書の無断コピーは，著作権・出版権にふれます。ご注意ください。

Printed in Japan　　　　　　　　ISBN978-4-18-355726-1
もれなくクーポンがもらえる！読者アンケートはこちらから→

学ぼう、遊ぼう、デジタルクリエーション

iPad×

『iPad×特別支援教育
学ぼう、遊ぼう、
デジタルクリエーション』
海老沢　穣 著
2694・A5判 152頁
定価 2,090 円（10%税込）

Distinguished Educator
海老沢　穣

シーズとニーズでわかる！

特別支援教育

1人1台端末
活用実践ガイド

各教科
中心編

自立活動
他編

水内豊和
後藤匡敬　編著

海老沢穣・加藤章芳・齋藤大地・関口あさか・東森清仁
菱　真衣・樋井一宏・藤田武士・山崎智仁・和久田高之

4391（教科）／4392（自立）・各巻B5判128頁・定価2,530円（10%税込）

アプリ活用15　＋　授業展開50をたっぷり収録

明治図書　携帯・スマートフォンからは **明治図書 ONLINE へ** 書籍の検索、注文ができます。▶▶▶

http://www.meijitosho.co.jp ＊併記4桁の図書番号（英数字）でHP、携帯での検索・注文が簡単に行えます。

〒114−0023　東京都北区滝野川7−46−1　ご注文窓口　TEL 03−5907−6668　FAX 050−3156−2790